U0029987

Idea man

Idea man

最高精力管理法

透過精力管理，擺脫疲憊和拖延，
打造高效、充滿生產力的複利人生

HAVE MORE ENERGY

A Blueprint for Productivity, Focus, and Self-Discipline
— for the Perpetually Tired and Lazy

Peter Hollins

人類心理學研究者 彼得・霍林斯——著 李明蓉——譯

目錄

3 CHAPTER

• • •

情緒與心智能量吸血鬼 103

1

CHAPTER

能量決定一切

不可否認的，金錢很重要，時間當然也非常重要，但這兩者都不會是限制你人生的因素。

一旦沒有能量，時間或金錢都稱不上重要了；能量才是最重要的。想像一下，你有不少錢存在銀行，卻因腺熱病[1]而臥床，站都站不穩，更別提消費和享受你的財富；或是你正值青春年華、聰明且前途似錦，卻總是陷入沮喪、精神不濟的狀態，你的青春與潛力也將無用武之地。欠缺能量、行動力與執行力，不論你的計畫多麼美好，都將毫無意義。

本書談論心理與生理層面的能量，包括能量的來源、如何保持以及獲得更多的能量。建議你，不妨把能量當成最基本的財富；不論心理或生理，能量就是你的人生基金，也是動力、熱誠與激情的泉源。為什麼有些人的人生過得乏味又艱辛，而其他人則過得滿懷熱誠與目標？能量正是決定其中差異的關鍵。

能量是一切的基礎。世界如此廣闊，欲探索其中，就需要健康的身體與健全的心理和情緒，才能踏出步伐並參與其中。在我們身旁，機會無所不在。然而，要是我們因心力交瘁而不為所動，自然無法把握機會。如此一來，不論再怎麼幸運或走運也是枉然。

缺乏能量如同世界就在你的眼前，有張地圖標示著八條康莊大道，但可惜的是你的車卻沒有半滴油。沒有能量，人生將變得單調而無趣。你甚至可能會覺得人生

---

1 全名為傳染性單核白血球增生症（infectious mononucleosis），俗稱接吻病。是EB病毒引發的呼吸道疾病，主要藉由唾液傳染，常見症狀為發燒等類流感症狀，可能有神經、血液、肝功能等方面的併發症，嚴重時足以致死。好發於孩童及年輕人。

呼嘯而過，而自己卻因為無法跟上而被拋在後頭。

一旦擁有能量，世界就在掌握之中。我們有精神與能力可以抓住世界、踏出步伐，與他人、環境還有自己互動，並追求夢想。有能量就有所需的資源，能一磚一瓦建造夢想；與此同時，我們也會有彈性，能夠輕鬆自信地感恩已擁有的事物。能量如同燃料，驅動生命中每件美好的事物：創意、生產力、解決人生問題的原創方法、個人發展、與他人深厚的情誼，或是單純對擁有強健的身體、清晰的思緒以及穩健的健康情緒感到喜悅。

能量最棒的一點在於，可以透過某些方法自我供給與激發。能量充沛時，能讓我們果斷且謹慎地行動，拒絕令人分心的事物與誘惑，藉由挑戰鞭策自己並獲得成長；當你有所成長時，就會受到鼓舞而不斷前行，在今天就為明天的自己預備好最有利的條件。累積具有能量的行動，支持你度過人生每個試驗與困難，歡慶與獲得更美好的事物。

遺憾的是，反之亦然。能量不足會讓人變得冷漠、疲倦，對事情更常感到漠不關心，這種感受停留愈久，就愈難擺脫。若能量不足，你會更傾向便宜行事，因為夢想過於困難而放棄，或是容忍自己與他人的壞習慣；最後陷入增強的惡性循環，過著妥協的人生，而且感覺糟糕、平庸且單調。然而，當你能量充沛時根本不會這麼做。

這就是為什麼關注能量很重要。不論你的人生擁有多少美好事物，如果沒有可以運用、欣賞和實現的能量，那這些美好事物就像不存在一樣。

換句話說，可以把能量想成「乘以零」的數學心智模型，這個模型宣揚了改善自己缺點的重要性。在數學運算中，只要方程式或表達式有任何一處乘以零，不論算式其他地方寫了什麼，最終結果都會是零。或許你覺得自己就像畢達哥拉斯（Pythagoras）或笛卡兒（Descartes），即將發現新的數學定理，但只要沒發現有一個零混入運算中，終究會以失敗收場，而且再怎麼自欺欺人、討價還價，都無法改變最終結果。

也就是說，缺乏能量就像刺眼且礙事的零，無論付出的心血與意圖有多麼崇高、偉大，一切都會化為烏有。即使你不斷地盡力增加其他想要的變項（如眾人的目標、期望、盼望、夢想、善心和自我鞭策），只要沒有能量都是枉然。畢竟無限乘以零還是零。

有句話說，鏈子的堅硬程度取決於最脆弱的環節。就算人生的其他環節看上去堅硬無比，仍無助於搖搖欲墜的那一節——相當於缺乏能量的「零」，能破壞並削弱整條鏈子的堅硬程度。

本書會先採各種方法確認你的能量額度大於零，因為能量是最具影響力的變項，而且操之在己。緊接著，我們會關注如何提升方程式的其他部分，學習如何克服拖延症、設定更好的目標，以及運用心理學知識讓自己更有效率與效能。過程中，你會發現提升能量往往是克服阻礙的不二法門，能量讓你有意志力，肯傾盡全力達成目標；這正是自律與堅毅等特質背後的祕密。

現在讓我們來思考生活中的真實例子。打從有記憶以來，你就一直想寫本別出心裁的小說，內容跟歐胡島[2]上的貓與謀殺案有關。你有很多很棒的點子，還有想

---

2 歐胡島為夏威夷群島的一部分，面積為夏威夷群島第三大，人口則為第一多，占群島總人口三分之二。夏威夷首府檀香山（Honolulu）即位於歐胡島東南方沿海。歐胡島又稱為「聚集之地」（the Gathering Island）。

和全世界讀者分享的核心思想，然而這些不曾化做白紙黑字。

每天早上起床，你都答應自己今天會找時間坐下來寫作，但你根本無法靜心坐下，因為你焦慮於情節設計、角色發展，還有發明一個全新又令人著迷的語言（這當然是為了貓咪）；於是在經歷一天辛苦工作、通勤回家、家事和其他生命中的大小事後，你已疲憊不堪；突然，你覺得自己沒有寫作靈感，於是就把遠大的小說夢延到明天，然後明天變成下星期，接著變成下個月……最後不斷地拖延下去。

在寫小說這件事上，有人曾面臨跟你同樣的掙扎，讓我們檢視這些人給的建議：例如，在寫小說時參考其他人的意見，也可以閱讀有關如何擬定更好的寫作計畫與綱要的資料，或是加入寫作社團，甚至雇用寫作教練幫你脫離寫不出東西的窘境。老實說，這些建議都意圖改善或最大化方程式裡的其他變項，但卻都是治標不治本。其實你不是寫不出東西，更不需要個人寫作教練；只是因為你的能量已經耗盡，就像乘以零一樣。再次強調，能量一旦歸零，其他事物都是枉然。只要你的能量枯竭，便無力處理你真正在乎的事物。

若將自己抽離並如鳥一般俯瞰，會發現目前在自我成長領域所提倡的，絕大部分都是白費工夫，只想增加方程式其他部分的數字，卻不用任何方法增加能量，任憑礙眼又礙事的零將一切化為烏有。如此一來，你會浪費超出想像的時間，企圖從心理、認知、制度、行為，甚至靈性觀點，來理解自己為什麼無法達成心中認為重要的事。其實你根本不需要求助這些理論，有個簡單明瞭的解釋就能讓你理解：你累了。你只是單純缺乏能量，打比方來說就是油表歸零，電池需要充電。

總而言之，我們都是生物，是有機體，需要能量才能工作、移動、溝通以及生活。倘若無法滿足能量這個條件，其餘的部分更是無關緊要。換句話說，若你已疲憊不堪，生命燃料早為一天奔波所耗盡，此時談論動機、熱情或靈感，甚至更深一層的生命目的與願景，都沒有意義。

將這個道理謹記於心後，就能一同關注方程式的其他部分，更瞭解那個不顯眼卻讓你功虧一簣的要素——微小卻影響深遠的「零」。能量包含了心理與生理層面，可以分成四個向度，而最能呈現此概念的莫過於托尼．史瓦茲（Tony Schwartz）[3]提出的能量金字塔（the energy pyramid）。

◇能量的金字塔思考

人會拖延工作，往往是因為能量不足以應付該完成的事。覺得工作快榨乾自己，過於疲倦導致無法專注，容易分心，並認為自己沒辦法完成被指派的工作；而我們所經歷的一切，都是因為忽略了潛在的能量金字塔，正是這個金字塔賦予我們力量。

這個問題遠比我們所能想像的嚴重，因為能量是有限資源，而且需要每天保養，其程度相較於時間是有過之而無不及。若沒有足夠能量來執行，本書的內容便

3 資深媒體人與LGE行為表現系統的資深合夥人暨創辦人，於《能量全開》（*The Power of Full Engagement*）中提出四個能量向度。

不會帶給你任何改變。

能量會枯竭，時候到了就必須補充。要理解能量管理如何運作，能量金字塔是絕佳的方法。它是吉姆・羅爾（Jim Loehr）[4]和史瓦茲在共同著作《能量全開》（*The Power of Full Engagement*）中提出的概念。

能量金字塔共有四層，最底層是生理能量（physical energy），其次是情緒能量（emotional energy），再往上一層是心智能量（mental energy），最頂層則是精神能量（spiritual energy）。每一層都扮演重要角色，影響能量累積或耗盡；而且較高層次的能量，需倚賴較低層次的能量才能維持。明白能量本質上的相互關聯，讓我們能主導並為自己創造更多能量。若無法滿足各層次的能量與投入，你甚至不太可能在專注的狀態下工作，或是克服拖延。

本書接下來談到的能量管理模式，除少數例外，皆以能量金字塔為主。

這個金字塔模型指出，必須優先注意和增加我們的**生理能量**。生理能量是其他層次能量的基礎，也是建造所有能量需求的磐石。要管理生理能量，必須留意身體健康。要吃得健康、有充足的睡眠和運動。

這聽起來令人提不起勁，而有時確實如此。畢竟你不習慣吃蔬菜，新的健康飲食當然會引起消化不良的初期反應。然而透過時間和耐心，吃得健康會有所回報，包括好的腸道菌叢以及額外的能量。運動也是同樣的道理。一開始，運動讓人興致缺缺，規律運動完後總是疲憊不已。但持續一到兩個禮拜後，便覺得運動後仍精力

4 與史瓦茲同為LGE行為表現系統的資深合夥人暨創辦人，該組織成立於一九三三年，運用行為心理學幫助在生活或工作中掙扎的人。

充沛。以前困難的動作變得簡單，從這一刻起，運動結束後總能感受到迸發出的新能量，使我們一生受益。

睡眠至少是一項做起來感覺很棒的活動。即使不少人希望自己不用睡覺，可以不眠不休地工作，但人類需要休息，是生命中無法討價還價的事實。沒有睡眠，我們會打哈欠，難以專注，甚至在必要活動時睡著。相反地，如果我們盡心力讓自己睡飽，便會精力充沛，準備好面對嶄新的一天，不僅能夠專注，更不會在錯誤的時間進入夢鄉。

有關生理能量最棒的一點，就是它並不是非黑即白。

若我們想受益於健康的改變，不需要變成運動狂，也不用像節食中的人一樣過分注意健康，更不用像小熊維尼一樣睡那麼久。其實只要找到需要改善的地方並開始行動，效果可說是立竿見影。留意該如何更好地關注自身的健康狀況，可以激勵我們繼續前行。

◇七分鐘早操

抱持這種精神，立刻開始改善身體健康與體能，而且不需要大幅改變就能有所收穫。科學已經證實，運動會刺激腦部釋放腦內啡（endorphins）——這是一種能讓人感到愉快的賀爾蒙；也能促進血液循環，讓新鮮空氣流經全身，振奮情緒，強化肌肉並保護心臟健康。

打下良好的體能基礎，有個最棒的方式：每天運動，尤其是在早上。但不需要大費周章，七分鐘就足夠讓人以正確的方式開啟一天。晚上睡覺時，身體進入休眠，所以起床不只是恢復意識，也包含增進新陳代謝，讓肌肉暖身，使整個人預備好迎接新的一天。七分鐘早操讓你清醒，開始滿懷精力與抱負的一天。

首先，保持一起床就伸展的習慣，立刻起身走動，深呼吸迎接陽光。早操可以是任何你想做的，但有以下幾點建議：

- 到戶外短暫地慢跑，讓肌肉暖身與呼吸新鮮空氣。也可以在室內小跑；甚至在客廳手舞足蹈。或是在跑步機上跑步、騎飛輪。
- 選擇像是跳繩或體操的有氧運動。
- 培養徒手健身訓練（bodyweight exercise）習慣，例如皮拉提斯（Pilates），確定有鍛鍊到主要肌群。
- 若從事一項運動，試著做些專為這項運動設計的訓練。
- 運動前後記得暖身，人體的肌肉和關節在早上特別脆弱！

早操需要持之以恆才會有效，別找不做的藉口。它所需的時間很短，幾乎是在你意識到前就結束了；而且還能讓身體保持彈性、強壯與好的體態。所以別再說沒有時間！你可以輕鬆地在早上沖澡前找出七分鐘的空檔，也可以一起床就做早操。

要讓運動成為早上的習慣，常見的方法是找到一項固定的運動計畫，接著每天按表操課。二〇一三年，美國運動醫學會（American College of Sports Medicine）在自己發行的期刊《健康與健身雜誌》（*Health and Fitness Journal*）中提出七分鐘健身操（Scientific 7-Minute Workout）[5]。這項高強度運動會動到全身的肌肉，已經證實能改善身體整體表現，增進心肺耐力與控制血壓。在網路上也可以找到以下的步驟：

步驟一：開合跳三十秒。

步驟二：靠牆深蹲三十秒（背靠牆，大腿與地面平行，保持這個姿勢）。

步驟三：伏地挺身三十秒。

步驟四：捲腹三十秒。

步驟五：登階上椅三十秒。

步驟六：深蹲三十秒（手臂向前伸，膝蓋與腳趾保持一直線，臀部往後）。

步驟七：三頭肌撐體三十秒（可以在兩張椅子間進行）。

---

5 該篇文章標題為《自體訓練的高強度循環運動：用最小的投資獲得最大報酬》（*High-intensity circuit training using body weight: maximum results with minimal investment*），全文可見doi: 10.1249/FIT.0b013e31828cb1e8。

步驟八：棒式三十秒（身體盡量維持一直線，用前手臂支撐）。

步驟九：原地高抬腿三十秒。

步驟十：弓步蹲三十秒（膝蓋不得超過腳趾）。

步驟十一：伏地挺身加轉體三十秒（旋轉腰部向上，單邊手臂上舉，使身體朝特定方向展開，再回到伏地挺身姿勢，左右兩邊輪流進行）。

步驟十二：側棒式三十秒，左右交替進行。

根據個人體能程度不同，對以上的內容可能會感到十分嚇人或覺得單調無趣。但七分鐘早操目的不僅是減重與增肌；老實說，一天七分鐘根本算不上真正的健身計畫。早上運動七分鐘其實是打下基礎，激勵你在接下來一整天能做更高強度的活動，使你更有能量，同時也讓從事其他運動變得容易許多。

仔細想想，七分鐘的時間並不長；然而在那短暫的時間中，可以清醒過來，主要肌群也變得活躍，受到激勵，一整天保持專注。若成功養成每天運動的自律習慣，情緒與自尊會因此而提升，而且這股振奮會蔓延到生活的其他層面。如此一來，就有足夠能量與動力分配到其他重要的事情上。

很多人在晚上睡了一覺後，沒有做伸展運動，就拖著身子面對新的一天。他們一屁股坐在辦公室的椅子上，接著工作好幾個小時。這樣久坐的生活不只危害健康，也影響整個人的情緒與能量。沒錯，每天早上運動七分鐘不會讓你變成阿諾·史瓦辛格（Arnold Schwarzenegger），但你一定會發現自己變得更有能量、更有目標、更自律，並從一早就很專注。

◇引導能量

身體健康有所改善後，就能思考能量金字塔的更上一層：**情緒能量**。必須優先照顧生理需求，是由於情緒受身體健康影響。過度疲倦、飢餓或營養不良都會讓人無法清晰思考，更無法專注於情感上的滿足。情緒能量代表處在健康的心理狀態，或至少沒有被負面情緒拖垮。

有些情緒就算不是直接受生理狀態影響，依然能增進或阻礙我們的工作能力。正面的情緒像是喜悅、期待、興奮，甚至是面對挑戰時，都能提升我們的投入程度與能量。相反地，焦慮、沮喪、悲傷、憤怒和痛苦等負面情緒，就有如重物般打擊我們。

若為負面情緒所苦，便很難專注地投入工作中。然而，我們往往難以控制自己的情緒。有時就算知道一切都會安好，仍免不了焦慮；明知自己不該生氣，卻還是憤怒不已；發生很糟糕的事情，覺得難過或冤枉。就算負面情緒有其原因，也不會幫助我們學習、成長，更不會帶給世界任何價值。

負面情緒就像是現代社會的怪物，而對抗他們最好的武器就是**認知重構**（**reframing**）。假設你正面對一項挑戰，認為自己難以跨越，不要為無可避免的失敗憂傷；而是想著，就算真的失敗了，從中可以學到多少東西與成長——如此一來，就讓失敗成為「成功之母」。沒有人是一試就能成功的，失敗讓我們學習未來遇到同樣的情況時，該怎麼做會更好。感到冤枉和想報復世界的潛在慾望是常見的負面情緒，可以用轉移焦點輕鬆克服它。發生在你身上的事情大部分並不是不好的，事情其實沒有好壞之分，你可以在內心決定讓它扮演什麼角色。

內心有好的感受才能把事情做好。聚焦在微小的恩典與感恩上，長久累積下來，就會有健康的情緒。想要有好的感受，必須放下負面情緒，感恩萬物正向的一面。若完成自己份內的事，快樂便會自然湧現；而感到快樂時，會更有精神，把自己的事做得更好。

心智能量是能量金字塔的第三層。需要先在生理與情緒層面有充沛能量後，才會有心智能量；否則將難以克服疲倦與不悅。心智能量與人的意識有關。有了它，即使面對令人分心的事或誘惑，依然能保持專注與規律。

心智能量有賴於控制自己的想法。不被動地接受腦中浮現的第一個念頭，而是檢視自己的想法並回應，才能有意識地選擇我們所思考的。心智能量讓人運用心智的「肌肉」與技巧，完成事情且達成目標。

建立心智能量有項非常重要的原則：正向地面對每一件事。若用悲觀的態度做事，其實是預測了自己將會失敗。舉例來說，小孩子之所以不想嘗試新的食物，是因為覺得新的食物「看起來」不好吃；就算能說服孩子忽略外表去試吃一口，孩子還是會說不喜歡新食物的味道；其實孩子一開始就決定了那個食物不好吃，這就是他們不喜歡的原因。不過，相反的情形也會發生，孩子看到食物並覺得自己會喜歡，就算有人勸他們不要太早下定論，通常孩子還是會喜歡那個食物。

同樣的道理適用於成人與他們必須完成的事。假設我們迫不急待地想展現自己能做到什麼，往往都會有傑出的表現；相反的，若預測自己會失敗，則很難完成任何工作。另外，就情緒能量的角度來看，告訴自己努力不會有任何成果時，就已經累積了恐懼。

除了保持樂觀以外，還有很多方法可以提升心智能量。像是自我對話，透過跟自己對談，可以消除較無幫助的想法，找到更值得相信且真實的敘事觀點。

其他提升心智能量的方法包括視覺化已完成的工作與冥想。視覺化已經完成的工作，讓人有工作要結束的真實感。冥想則幫助心智舒緩身體與情緒累積的緊繃感。而良好的時間管理也有助於心智能量，畢竟我們是依著心智來安排時間，預估任務能花多少時間與該花多少時間。

若能好好管理時間，引導情緒，確定想法是助力而非阻力，就會有更多能量，接著會發現處理眼前的工作變得更容易了。

管理好心智能量後，就來到能量金字塔的頂端：**精神能量**。這個能量與宗教無關，而是鼓勵我們釐清自己的核心價值觀，讓行為與價值觀一致。例如某個人的價值觀是助人，那麼他可能會在醫療業表現傑出，卻是個糟糕的銷售員，這就是因為他的價值觀適合這一個職業，卻不適合另一個職業需求。

精神能量的重點在於，在所做的事情中，找到自己的目的與熱情，而目的與熱情就是最好的激勵因子，只有在行為符合核心價值觀時才會發生。要抓住並提升精神能量，就需要找尋更接近自己核心價值觀與熱情的行動，且避開與之違背的行為。如果正做著自己覺得重要的事，就有很強的動機繼續前行，在完成時也會感到驕傲及備受肯定。

生理、情緒、心智與精神能量都是能量管理的首要法則。只要滿足能量金字塔的所有面向，肯定會能量充沛。然而，現在我們仍不清楚該如何有效引導與管理能量。老實說，我們可能會因為過於積極地處理正在進行的事，而讓自己陷入筋疲力竭的風險。

要如何避免上述狀況？答案就是能量管理的第二條法則：只要使用能量，就必須接受能量是需要補充的。不論一個人有多少能量，沒有人可以一直全速前進。休息是必要的，不只是為了身體，也為了心智和情緒。

假設不斷地做事而不休息，終有一天會壓力過大且感到沮喪，負面想法也會伴隨負面情緒而來；兩者合起來很快會耗盡能量。

要預防上述的狀況發生，需要定期抽離才能讓心智恢復。就像過度使用資源會導致資源完全消失，能量也不例外。休息讓身體得以修復並變得更強壯。

與第二條法則相反，第三條能量管理法則提醒我們，逼自己超越極限是成長的必經過程。不能只靠漫不經心地坐在那邊，不斷地做重複的工作，就期待自己有所進步。若想要自我成長，必須定期挑戰自我。

舞蹈家深諳第三條法則。第一次上舞蹈課時，他們幾乎碰不到自己的腳趾。然而因為不斷勉強自己，肌肉漸漸變得強韌，也有了新的體態。雖然有時要持續努力好幾年才能達到最終目標，但過程中一定是藉由設立挑戰的方式來達成的；只要生理、情緒、心智與精神能量允許，就會愈來愈靠近目標。

其實就算不是體能訓練，也需要離開舒適圈。任何有公開演說經驗的人也都能體會這點。大多數人在頭幾次時總是十分驚恐，而那份害怕難逃觀眾的注意，演講者會發抖、結巴，甚至多次重複講稿的部分段落。一開始，演講者總認為自己的演講不會進步。然而憑著毅力，儘管任務困難且過程非常緊張，仍不斷嘗試。漸漸地，演講開始變得輕鬆。最後，那些堅持到底的人會發現，演講其實非常有趣。但是，如果一開始沒有挑戰演講，並受成功經驗的鼓舞，這一切都不會發生。不論是自我挑戰，還是逼自己面對困難的新環境，在每個階段我們都能從中受益。

第四條也是最後一條能量管理法則告訴我們，創造能量儀式以維持全心全力地投入。雖然人有思考與選擇的能力，但大部分的行動仍取決於習慣。我們很少出於思考做事；需要思考的事則往往不會做，就算做了也不會維持太久！這表示我們必須把維持能量的方法轉化成習慣，這樣一來，就不需要特別記憶或說服自己做有益的習慣。

對曾節食過的人來說，第四條法則並不令人訝異。因為一般而言，任何短期禁食計畫確實會讓人甩掉幾公斤，但之後很快又會回到節食前習慣的飲食方式。接下來會發生什麼事呢？體重再度增加，必須再次節食。這種模式傷害很大，畢竟每次都沒有做出生活中真正且持續的改變，只會讓人覺得擺脫不掉舊習慣和它們所帶來的後果。其實，這都是可以避免的，只要做出真正且永久的改變，就能避開這個惡性循環的陷阱。新的方法必須是可持續的。簡單來說，就是養成習慣。

一般而言，想讓動作成為習慣必須常常實踐，而且要持續長達兩個月的時間；然而在達到該階段前，需要積極努力地培養新習慣。像是決定不要吃特定食物、運動或是喝定量的水。剛開始確實需要承諾與毅力，但時間一久，就不再需要思考；我們已經養成習慣，能健康、快樂且有效率地運作下去。

一旦養成讓生產力最大化的習慣，並習於自我挑戰以及休息充電，將更容易按自己的需求引導能量。只要能量足夠，連想逃避的事物都能輕鬆以對。

本章提要

- 自律、規律的習慣、意向思考與分析性思考並不是白費工夫。相反的，它們是生活中能做得最好的改變。但若缺乏足夠使用的能量，自然沒有辦法學習、實踐以及從中受益。
- 能量是所有想法與行為的電池。少了它，任何策略、技巧或訣竅都不再重要。這就是「乘以零」這個概念在日常生活中的例子。如果方程式中有個零，表示整體運算結果將會是零。

- 還有個比喻將能量當成鏈子中最脆弱的一環，同時也是最容易忽略的。簡單來說，能量非常重要。
- 能量金字塔模型有助於思考能量扮演的角色，以及如何管理能量。這個模型有四層，彼此相互依賴，包括生理能量、情緒能量、心智能量與精神能量。本書接下來的內容會以能量金字塔為藍圖。此外，能量金字塔也明白指出人必須充分休息，否則就會枯竭；同時必須確保我們正在挑戰自我並把自己推向極限，以增加能量額度。

• 累積生理能量的其中一個方法，是用七分鐘高強度的早操展開一天。

這有助於喚醒身體，提升能量總額，以適當的方式迎接一天。

2

CHAPTER

生理能量吸血鬼

身處在如此抽象與仰賴言語的世界，很容易忘記我們並不是活在自己創造的「精神世界」中；到頭來生活品質仍與「身體」健康程度息息相關。「能量吸血鬼」正如其名，會在生理上吸乾人的生命力，使人疲倦且虛弱。如同第一章提到能量金字塔的內容，身體健康是讓人邁向成功的基礎。

日常生活中確實處處充滿能量，但即使是最精力充沛的人，也無法擁有源源不絕的能量。更糟糕的是若不夠謹慎，生活中有些事物會耗盡我們的能量，讓人無法將能量花在自己真正重視的事情上。

能量吸血鬼就像水蛭或寄生蟲，有時我們跟他一起生活很長一段時間，卻不曾真正意識到他的存在，任憑他們悄悄吸乾我們的生命與熱情。拜能量吸血鬼所賜，我們可能渾然不覺自己正處在悲觀負面的狀態，但確實陷入了惡性循環中。或許此刻你意識到自己生命中的吸血鬼，也積極應對，控制他們對你的影響。然而，其實還有其他難以察覺的力量正奪去你的能量，在你的心靈戳出看不見的洞。

想像一下有名女性多年來都在做自己討厭的工作。日復一日，她逼自己坐在辦公桌前，接電話、開會，心中同時鄙視這份工作，卻覺得無力改變。另外，她的感情也不順遂——對方漠不關心，也不想為關係付出，這位女性覺得自己花了所有精力，試著替自己辯解為什麼不鼓起勇氣離開這段關係。

或許聽來荒謬，但好幾個月後，這名女性依然在傍晚時坐在沙發上，莫名有股放聲大哭的衝動。她懷疑自己可能有點憂鬱，甚至下定論認為人生不幸且絕望。依能量觀點來看，其實會發生這些事情，全是因為她沒有意識到自己的能量早就完全枯竭。如果她連續幾個星期睡不好，大部分時間都吃垃圾食物，最近又有小感冒，感覺只會更糟。將她遇到的困境當成感情或職涯問題來解答，看似有用，其實根本是錯覺，完全沒有任何幫助。眼光放遠一點，這名女性需要的是讓那礙眼又礙事的「零」消失，再次把能量轉換為正，如此一來，其他有益的事才會發生。

在前一個章節，已經介紹過能量金字塔，還有四種主要的能量層面。這個章節則全部都聚焦在能量的生理層面；從多個角度而言，生理能量是一切的基礎條件。儘管在他人眼裡看來毫無異狀，但能量歸零（也就是覺得疲憊）依然能讓你覺得糟透了。疲憊不單純是因為昨晚沒睡好而想睡；也不是在健身房努力運動後的痠痛。重點是疲倦的感受因人而異。

疲倦讓有些人覺得身體沉重不已，像身穿三百磅[1]重的連身衣走動。也有人覺得自己動作緩慢，像身處霧中，而所有東西看上去都像被大雨沖刷，非常模糊。深層疲倦相當於嚴重的宿醉，或像環遊世界一圈後的時差；也像是流感時全身隱隱作痛。疲倦讓整個人感到虛弱、緩慢與沉重。

疲倦且能量低落時，每件事做起來都感覺比平常困難。你變得沒有耐性、遲鈍、缺乏熱情，也失去處理手頭上任何工作的能耐。長期下來，你會覺得自己似乎舉步維艱，就連要完成基本的生理任務都需耗費極大心力。但就算身體已經吃不消，多數人還是選擇苦撐度過這個狀況，透過猛灌咖啡或是冥想來應付一天的忙碌，且這種狀態的時間長得令人憂心。最後，生活被打亂，身體狀況不允許你完成想做或該做的事。

1 約一百三十六公斤。

能量吸血鬼其實顯而易見，憑常識就可以辨識出來。例如中午時，你飢腸轆轆又昏昏欲睡打起盹來，顯然你需要改善飲食與睡眠的作息。大部分能量吸血鬼的問題並不在於缺乏意識，改善與改變習慣才是問題所在。對大多數的人來說，很容易就可以知道自己疲憊不堪。

想擺脫能量吸血鬼，就要確認自己正在培養良好的健康習慣，不過這個方法說來容易做來難。過度勉強自己，不留意身體的極限，你的身體將會溫和地提醒你休息（也可能毫不留情！）。每個人生活都很忙碌，多數人選擇硬撐，好像自己的能量、資源與時間用之不竭。要是無視於先天的限制，遲早要付出代價。長期忽視疲倦，終究會造成倦怠。比喻來說，就是油箱見底，連備用油都用完了。總而言之，身體主掌一切，他受夠了就是受夠了，有時甚至會採取必要行動保護自己。

重要的是，及早發現深度疲倦的徵兆，才不會演變成倦怠的狀態。一開始看起來可能只是單一生理現象，時間一久，卻會蔓延到生活其他方面，讓人同時陷入情緒、認知和社交倦怠。不論是自我要求高或是為外在環境所逼，都需要留意以下能量枯竭的徵兆。

首先，要意識到倦怠不是突然發生的，而是逐漸地纏上你。慢性壓力與缺乏自我照顧會逐漸累積，直到你再也無法正常活動為止。但在這個狀況發生前，人體會透露許多警訊，像是一天大部分時間都覺得疲倦，而且持續很多天；或對於在精疲力盡時仍不得不做事感到恐懼；也可能為失眠所苦而輾轉難眠，難以專注或健忘。

生理上可能會覺得頭暈或頭痛、呼吸急促，甚至覺得胸痛、心律不整以及有腸胃問題。常見狀況是覺得身體某種程度上變得虛弱，可能更容易生病、感染，還有食慾不振；有些人還可能會不斷地焦慮，有瀕臨崩潰邊緣的沉重感受。生理症狀似乎在情感上轉化為絕望、罪惡感、無價值感或悲傷等負面情緒。這類沮喪的情緒會讓人表現出憤怒、對他人不耐煩、朝他人大吼或是情緒失去控制。

一開始或許沒有意識到，但你確實不再享受過去感到快樂的事。發現自己變得退縮和悲觀嗎？這可能都是能量耗盡的早期警訊。內在的自我對話也變得負面且具批判性，可能讓你想遠離朋友與家人，沒有能量社交。

終有一天，你開始覺得自己跟世界脫節，像僵屍一樣，與他人和生活十分疏離。甚至想從工作與家庭責任中抹去自己的存在，避免與他人互動。漠不關心、暴躁、易怒與無處不在的「又有什麼意義呢？」都是倦怠的跡象。

疲倦的解決方法就是休息，這個說法聽起來再簡單明白不過。但是很多人沒有意識到，他們並沒有照顧好自己，每天忽略自己的生理能量與身體狀況。其中，受到干擾、品質很糟的睡眠，絕對是能量吸血鬼中的大魔王，這點無庸置疑。

解決方法聽起來非常簡單，然而你很快就會發現，好的睡眠習慣其實是需要培養的，而且要有意識、頻繁地維持。它就像健身或健康飲食計畫，不會自然而然地發生！

◇睡眠、晝夜節律（circadian rhythms）與超晝夜節律（ultradian rhythms）

要如何改善睡眠呢？

首先要知道自己的睡眠生理狀況，接著學會與它共處，才能在每天早上起床時神清氣爽，而且「油箱」滿滿。晝夜節律是人體內建的規律，讓你知道何時起床與入睡。人體部分器官能感應與回應周圍的光線變化，過程會經歷不同階段，伴隨生理與行為變化，並以二十四小時為週期。

干擾睡眠週期等同違背生理時鐘。最常見的原因是，晚上時把自己曝露在強烈的人造光下；而人類的祖先則是在黑暗或微光中度過夜晚。

生理時鐘受外在環境的光線影響。如果習慣在睡前幾個小時使用有LED的電子產品，只要停止使用，就能奇蹟般地改善睡眠品質。若不得不用，安裝護眼應用程式，它們能過濾藍光並強化黃光，或是把螢幕亮度調到最低。

逐漸黯淡的光線提醒身體睡覺時間到了；相反的，明亮的光線提示著是時候該起床了。早上睜開眼睛時，養成讓明亮的陽光能立刻照到自己的習慣，整個人都會清醒過來。其實談到睡眠，目標就是養成習慣與規律。留意起床與睡覺的時間，維持規律作息，確定睡覺時周遭一片漆黑，清醒時則是愈亮愈好。盡你所能地減少臥室裡閃爍的光源，裝上能遮光的窗簾，尤其夏天時更是需要。還有，固定在下午較早的時間午睡，不可以太晚，時間愈短愈好（最多二十分鐘）。

最後還有一點，花時間找出自己的時型（chronotype），也就是個人獨有的清醒模式。你是早睡早起的類型嗎？還是像貓頭鷹一樣，要到早上十點半才會有精神？每個人的時型都不一樣，這個概念由心理測驗延伸，把所有人分類成雲雀型（早起的鳥兒）與貓頭鷹型。重點在於找出並尊重自己的需求與限制。假設你總是很早上床休息，就要在早上完成大部分的工作與運動，並讓自己自然習慣這樣的作息。調整自己的工作方式，讓它符合生理時鐘，而不是違背。

心智與情緒也深深影響睡眠品質。我們都知道，晚上若沒睡好，會讓人在隔天早上感覺很糟；卻不知道清醒時的經歷與感受也會影響睡眠。坦白說，不少人的睡眠障礙是惡性循環和強化行為的結果，使糟糕的睡眠習慣就這樣持續下去。

建議各位可以用任何方法來減輕壓力。整天忙碌的狀態下，也要記得經常稍做休息。即便用短短五分鐘安靜冥想或專注深呼吸，都能降低體內皮質醇（cortisol）[2]

濃度，找回重心。改善睡眠品質的最好方法是培養固定睡眠習慣，而且必須是能做到的習慣。可以確認哪種方法對自己有效，但重點在於必須養成習慣，它會提醒身體該睡覺了。

還有，把比較有壓力與需要精力的活動在白天完成，安靜緩慢的活動則留到睡前。傍晚時要避免不必要的刺激（包括運動、較有壓力的工作、情緒性爭吵及看讓人覺得煩躁的節目），做能讓自己平靜下來的事，像是洗熱水澡、視覺化冥想、瑜伽、讀點書或是花些時間稍微保養，都可以放鬆精神。

2 又稱壓力賀爾蒙，由腎上腺分泌。一般而言，人體的皮質醇濃度在白天時升高，晚上時降低。功能包括讓人體適應外在壓力、提高血糖與血壓、促進血液循環與新陳代謝；若長期處於壓力中，有可能分泌過量，導致精神緊張、免疫低下、記憶力衰退等慢性疲勞症狀。

倘若為失眠所苦或是睡眠品質不佳，此時該培養的睡眠習慣，是對睡眠抱持更輕鬆的態度。刻意安排時間放鬆並淨空心思。告訴自己沒睡好不等於世界末日，放鬆就好，好好休息。如果二十分鐘後還是沒睡著，離開床鋪，找個地方讓自己平靜下來，喝杯茶、在日記本畫畫，或是聽安靜的 Podcast 節目，都是不錯的選擇。

要是對自己睡不好這件事感到焦慮，失眠就會像滾雪球一樣愈滾愈大。如何看待睡眠就跟其他實際因素同樣重要。時常提醒自己：「就算沒有真的睡著，躺著一段時間還是能稍微休息到」，不要強迫自己「好好睡一覺」，還有什麼比這個念頭更讓人難以放鬆的呢？

沒辦法睡著時，千萬不要賴在床上，否則會對床有負面的聯想。讓床單純是睡覺和纏綿的地方，這絕對是個好方法。你或許會發現，花一點點時間打造神聖的睡眠領域，長時間下來，潛意識會知道躺上床後就該睡覺了。舉凡選擇可以放鬆且整潔的裝潢、好的寢具、遮光窗簾、透氣睡衣，有需要的話還可以用眼罩與耳塞，都有著神奇的功效。留意床墊支撐性與透氣性是否良好，才不會讓你的體溫過高；確認房間是否安靜、漆黑、室溫比你偏好的溫度來得低；確保室內空氣流通，風不會灌進來。若另一半會打呼，或寵物會占去床的大部分空間，就必須採取其他方法。再找顆自己喜歡的枕頭，你已經準備好夢周公了。

最後，如果你是「空中飛人」、常常需要在飯店過夜，花些時間找出方法，減輕睡眠受干擾的程度。在藥局就能買到褪黑激素（**melatonin**）[3]的膠囊，能幫助克

---

3 大腦松果體分泌的賀爾蒙，接近睡眠時開始分泌，於半夜達到高峰。自然界中的動植物都會分泌褪黑激素，但主要功能不同。褪黑激素影響動物晝夜節律，包括睡眠與起床時間；對植物則是有抗氧化作用，促進種子萌發、調節碳氮代謝，也影響果實的發育、品質與產量。在台灣，褪黑激素屬於處方藥，須由醫師處方使用。

服時差；偶爾使用安眠藥或自然療法打破不好的睡眠週期——當然這是在偶爾服用的狀況下。

總而言之，我們可以做很多事來滿足先天的限制與需求，遵守晝夜節律而不與之對抗（假設有人還沒意識到，再次提醒後面那個方法是絕對行不通的！），這麼做不只可以睡得更好，也讓生理時鐘與整天的能量波動一同消長。一天當中，肯定有段時間是積極且活力滿滿的，而另一段時間則較無精打采、沒有精神。掌握能量變化的時機，就能安排更符合生理時鐘的作息。

人不是一板一眼的機器，無法整天都維持著相同的能量狀態。首先，要記住晨型人不代表比較優越；也不會因為逼自己早起，或是在中午前完成更多事情，就奇蹟般地提高生產力。如同剛剛提到的，這些建議對某一時型的人有效，但不是每個人都會因此更有生產力。

也就是說，「早睡早起」這句古諺非適用於所有人。必須觀察自己的身體在什麼時間比較清醒，確保在安排工作時能配合生理時鐘。不論是在早上還是大半夜，以感到自在的步調完成事情，只要符合自己的時型與能量狀態，就會有效率。

但要怎麼找到自己的「巔峰時段」？第一件事是對自己實際的作息產生好奇，而且時間長達一週以上。留意一天中最有生產力的時間，不只注意能量變化的模式，還有熱情與情緒變化；也找出哪些事物能讓你能量大增？以工作為指標，哪段時間讓你獲得最多的成果？

下一步則是確定自己充分利用能量巔峰時段，預留那段時間，把其他不那麼重要或較輕鬆的任務暫時拋到一旁。像管理時間跟金錢一樣地管理能量，用所有資源達成最大效率。

另一個方法是以晝夜節律類推，得到**超晝夜節律**。在日常生活的二十四小時週期中，超晝夜節律會隨人體一同變動。睡眠研究之父納瑟尼爾．克雷曼（Nathaniel Kleitman）[4]證實快速動眼期（rapid eye movement，簡稱REM）[5]的存在，並指出其重要性，更發現人體平均以九十分鐘為週期，警覺度在高低間起伏。

換句話說，人體能量與警覺度都以九十分鐘為一個段落。不論清醒或沉睡，這九十分鐘的週期照常運作，不受影響。以下有幾個方法可以運用這個資訊。

首先，我們已經知道精力充沛與具生產力的思考有時間限制，並非永無止盡；其實，上限就是一次九十分鐘。持續高度專注工作九十分鐘，接近週期尾聲時，會開始感到疲倦，依賴壓力賀爾蒙產生能量。接著，由於負擔過重，前額葉皮質

（prefrontal cortex）[6]逐漸停止運作，整個人就進入「反擊或是逃跑」的模式。此時，我們可能會藉由咖啡因和糖分，來試圖壓過身體傳來的警訊，卻還是難以專注與集中精神。

美國軍方研究中心（U.S. Army Research Institute）的多項研究也證實了上述發現，且有證據支持人的專注力與能量週期為九十分鐘。重點在於聆聽你的身體，它正告訴你，自己偏好哪種運作模式。

---

4 一八九五年生，芝加哥大學（University of Chicago）榮譽退休教授，專門研究睡眠相關科學，而有「睡眠研究之父」的稱呼，於一九九九年逝世。

5 睡眠中的一個階段，為身體麻痺但腦波接近清醒的狀態，是容易作夢的階段。一夜睡眠約經歷四到五個REM。

6 位於大腦前端，掌管計畫、決策、短期記憶等認知能力與情緒控管在內的社交能力。若前額葉尚未發展成熟或受傷，人會較衝動甚至有反社會行為。知名案例如十九世紀美國鐵路工人費尼斯・蓋吉（Phineas Gage）。

除了剛剛提到的九十分鐘週期外，超晝夜節律還有一個特色：能量的高峰與低谷，以特定方式分散在二十四小時的週期中。也就是在特定的時間內你能思緒如泉湧，有時卻會陷入失敗。但要記住這些數字都是平均值而已，也是有例外。

正常情況下，人要在醒來幾個小時後，能量與清醒程度才會來到高峰。對大多數人來說，早上十點過後，接近中午的時段，就是大腦清晰程度與專注力的巔峰。妥善掌握利用這段時間，因為大腦運作正處在黃金時段。不過要記住，這個狀態平均只維持九十分鐘。

午餐過後，能量便開始下降。

克利斯多夫・巴恩斯（Christopher Barnes）[7]曾在《哈佛商業評論》（*Harvard Business Review*）發表多篇與睡眠相關的文章，指出人的能量在下午兩點到三點將到低點，這可能是因為那時我們正處在清醒週期的一半。幾千年以來，人類一直保有下午休息的習慣（想想西班牙叫siesta的午睡習慣），一直到工業革命強調大眾生產力後，才取消關鍵的休息時光，變成朝九晚五的工作天。

下午兩、三點，能量降到低點後將再次回升，一般而言會在下午六點來到第二波高峰。夜愈來愈深，能量減少，慢慢轉換成睡眠週期。

超晝夜節律掌管每天的作息。你當然可以選擇跟它做對，但為什麼要如此吃力不討好呢？它提供的能量原則十分單純，只要遵守，就會發現自己常有敏捷的思緒，而非可遇不可求。

7 巴恩斯於華盛頓大學福斯特商學院（University of Washington's Foster School of Business）教授管理學。曾任職於美國空軍研究實驗室下的疲勞克服部門。於《哈佛商業評論》發表多篇與睡眠有關的文章，目前有四篇譯為中文，刊在《哈佛商業評論全球中文版》。

◇找到自己活力與生產力的巔峰時刻

一天中的絕佳工作時刻是什麼時候？答案因人而異。

只要對自己抱持一點好奇心與覺察，就可以知道如何安排最恰當的日常生活，不論是工作、個人創作還是運動都包含在內。但首先一定要問自己這個問題：**一天當中，什麼時候最有活力與最能專注？**

找到一天中最樂觀、熱情與充滿活力的時段，這是最容易受到激勵並採取行動的時間。你可能會有兩個能量巔峰，或是第一波過後稍微恢復能量。在睡前或吃大餐後，則最可能覺得昏昏沉沉。（小提醒：大部分人都沒有辦法在吃完大餐後仍維持高生產力。）

第二個問題：一天當中，什麼時候最不受打擾與不易分心？

提高生產力不僅是管理生理能量的起伏。我們每天都被賜予一個能量巔峰，但是這個巔峰可能發生在最容易分心的時候。最能進行深度與創意工作時，事情卻被打斷，讓你分心，這無庸置疑是個壞消息。這時可以怎麼做呢？

針對這個問題，可以運用對自己的認識（瞭解能量的巔峰時段），配合實際生活中的責任和挑戰來做評估。瞭解這一切可以如何融入，讓你能提前計畫，並盡可能保留彈性與調整空間。雖然你無法改變生產力的範圍，往往也無法抗拒外來的義務與障礙，但還是可以做點調整。

若已經知道工作空間會有干擾，試著巧妙劃分那塊區域，或是向兩邊稍微延伸。思考有什麼方法可以移除、分散或承認令你分心的事物。假設生活型態跟自己的生理時鐘作對，就必須考慮做出更大的改變，像是換工作、兒童照護服務或居家工作。其中居家工作，就可以更容易地利用生理時鐘的節奏。

第三個問題：**該在什麼時間做什麼工作？**

工作類型不同，所需能量的種類與量也不同。回到能量金字塔這個觀念，花些時間把一天要做的事情分類，它們需要生理能量、情緒能量、心智能量，甚至精神能量嗎？接著，問自己把事情安排在哪個時段，才能盡可能吻合能量尖峰。

假設你已經知道早上是自己最清醒的時間，就在這段時間安排運動與具有挑戰性、有問題需解決的工作；並把制式化的工作留到下午，因為這時精神比較不濟。另外一個例子是，你知道接下來的一整天會讓你情緒疲憊，或許可以選擇減少生理與心智的需求，以專注在情緒需求上。

總而言之，第三個問題的重點是在適當時機做適當的事情。一天只訂一到兩個主要目標是個實用的策略。把大部分能量與專注力投注在這些目標上，明白自己可以之後再處理其他事情。劃掉待辦事項清單上具有重大影響的項目時，你會發現自己充滿成就感與自信，接下來的時間也可以安心地放鬆。

最後一個問題：**如何有策略地應對打斷自己工作的事物？**

打岔、誘惑與分心都是生活中無可避免的事實，因此最好提前做好準備。我們已經知道只要超過九十分鐘，心智表現與效率就開始減少，但是否有辦法把額外的要求擠進去，而不打斷專注與動量？假設有事情發生而打斷你，試著把它排進今天的行程，分配或爭取時間，直到你完成手頭上正在進行的事。

有時，分心只是不夠自律或缺乏計畫的徵兆。舉例來說，確認自己工作時不是在看電子郵件或手機，畢竟所有的訊息都可以等等再回。也可以跟他人表達自己不想被打擾，並且不要選擇在自己最容易分心的時段工作，如此一來，便不會以失敗收場。假設真的無法避免工作被中斷，或許選擇任它發生、享受其中也是不錯的方法，允許自己可以完全放鬆休息，之後再回來工作，好好充電後再出發。人生充滿各種意外，無法每次都完美達成自己規畫的目標並非世界末日。

這邊再重複一遍前面提到的問題：

- **一天當中，什麼時候最有活力與最能專注？**
- **一天當中，什麼時候最不受打擾與不易分心？**
- **該在什麼時間做什麼工作？**
- **如何有策略地應對打斷自己工作的事物？**

若生產力巔峰恰好是自己最不容易分心的時段，那真是再好不過。但仍有可能發生無法配合的狀況，以下將說明可以如何應對。

◇生產力曲線、壓力曲線與溝通曲線（Communication Curve）

想像有一張圖表，時間（就是晝夜節律）是x軸，能量、專注力與生產力曲線隨x軸起伏，而每九十分鐘是個小循環，每個小循環中也有起伏（就是超晝夜節律）。然而，同時也有其他事情正在發生，包括工作場所實際規定的時間表、打來的電話、會議與訊息，更別忘了高壓環境要求你必須及時反應。

若能夠實際想像所有曲線的交錯，甜蜜點就非常清楚了。或許有點違反直覺，但葉杜二氏法則（the Yerkes-Dodson Law）[8]告訴我們，適時給予適度壓力反而有助於提升生產力。

面對困難任務時，我們的表現會隨刺激（壓力）增加，但有臨界值，超過之後就會造成妨礙。面對簡單任務的情況則完全不同，並沒有因壓力呈現相同的障礙。換句話說，問題並非在於必須全面減少壓力，而是要更小心謹慎地計畫、管理與準備，同時保有適度壓力。

最後一個關鍵因素是溝通曲線。卡爾．紐波特（Cal Newport）[9]在《Deep Work深度工作力》（*Deep Work*）一書中，示範如何運用電郵與訊息提升工作生產力與表現；但仍然有其極限，一旦超過臨界值就有損工作表現。再次強調，關鍵不是完全禁止傳送即時訊息或電子郵件，而是找到甜蜜點。

現在讓我們整理一下。人的內在能量天生有限。壓力與分心（例如通訊軟體）對人有益，但有個臨界點。在規畫一天的作息時，要考量每個面向，並做出符合實際情況的聰明決定，以安排我們的時間。相較於非黑即白的做法，操縱這些變項讓人有可以調整的範圍。舉個例子，你可能規畫九十分鐘的深度工作時間，處理一份具挑戰性的工作，但也意識到這段時間正好最容易收到電子郵件，同時很多高壓要

---

8 葉克斯（Yerkes，一八七六～一九五六）與杜德遜（Dodson，一八七九～一九五五）皆為美國心理學家。葉杜二氏法則主要指出生理或心理刺激有助於提升表現，但刺激超過一定的額度後便不再有幫助。另外，此法則也顯示不同類型的工作任務需要不同刺激以提升表現。

9 任教於喬治城大學電腦科學系，著有多本與工作相關的書籍，包括《Deep Work深度工作力》（*Deep Work*）、《沒有Email的世界》（*A World Without Email*）、《深度數位大掃除》（*Digital Minimalism*）與《深度職場力》（*So Good They Can't Ignore You*）等。

求也找上門來。知道這件事後，你就把工作稍微提前。透過這個例子，可以明白時間管理並非全部，也需要管理自己的能量、壓力程度與來訊。

練習能量管理的方法不代表每天都不能犯錯，而是具備這樣的認知，讓自己準備好，不論當下有多少限制，都能最大化自己的成果。

◇瞭解自己獨一無二的時型

透過上個小節，我們知道人體內在的節律如何影響二十四小時週期的清醒程度與能量，以及該如何配合這些條件工作。人的作息具可觀察性與預測性，但同樣因人而異。沒有人生來一模一樣，只有徹底瞭解自己的時型後，任何有關遵循內在節律的建議才會有效。

簡單來說，時型就是你的「節律人格」，描述個人的生理時間。暢銷書作家丹尼爾・品客（Daniel H. Pink）[10]在《什麼時候是好時候》（*When*）中詳細敘述這個觀念。簡單來說，只要知道自己的時型，就能調整時間規畫，更能支持與配合先天能量的高峰與低谷。坦白說，這個方法並不是增加你的能量總額，而是讓你在有能量時，能最大化並運用現有的能量。

---

10 知名趨勢寫手，著有《什麼時候是好時候》（*When*）、《未來在等待的銷售人才》（*To Sell Is Human*）、《動機，單純的力量》（*Drive*）、《未來在等待的人才》（*A Whole New Mind Moving from the Information Age to the Conceptual Age*）等書。

所以，時型有哪些呢？

第一種是熊型。這類人的作息深受日昇日落影響，會在早上七點或八點自然醒來。早上到下午一、兩點是他們的生產力高峰，最能專注在深度工作、計畫、策略、解決問題與創作上。這段黃金時間可以從早上十點持續到下午兩點過了生產力高峰（通常是午餐過後），熊型人的能量與專注力會逐漸減少，可能會在下午四點達到低谷。所以如果無法抗拒在下午小睡一番的誘惑，你可能就是個熊型人。大約從下午四點開始，熊型人在放鬆、吃晚飯、釋放壓力與社交上的表現會比工作好。這類型的人最晚會在晚上十一點感到疲憊而準備就寢。

若覺得這個作息看起來很熟悉，大概是因為熊型人約占總人口的百分之五十五，大部分人的時型都是熊型。如果發現自己自然而然地傾向於這種生活循環，那你可能屬於熊型人。因為晚睡或早起就脾氣暴躁，覺得昏昏沉沉，也很可能是個熊型人。

另外，部分研究指出人格類型與時型有關。據說熊型人是外向、快樂、非常溫和的，在傳統的辦公室環境工作效率更好，因為這類環境的工作時間不會與熊型生理時鐘有過多衝突。熊型人只要維持每天固定的起床與睡覺時間，就能有穩定甚至大量的能量。盡量把大部分工作排在中午前，對熊型人來說是最好的。熊型人要避免在下午工作，因為工作效率不會跟早上一樣高，反而會變得暴躁易怒。

狼型人則與熊型人完全相反，這一時型的人占總人口的百分之十五。他們在晚上完成大部分需生產力與創造力的工作，而非在早上。其實，這類人有兩波能量高峰：中午有個小型的高峰（他們真的這時才剛清醒！），另一波則從下午六點開始。儘管其他人在早上就已經進入狀況，狼型人卻還是昏沉沉的，正按下鬧鐘的貪睡按鈕。但晚餐時間過後，情況就反過來了，熊型人的能量逐漸減少，狼型人的能量達到高峰。如果在深夜心滿意足上床睡覺（甚至更晚），隔天仍發現自己可以愉快地工作與追求創意，那你可能就是個狼型人。

晚點起床（大約早上八、九點），然後花一整個早上做些比較輕鬆、不緊繃的工作，對狼型人來說是最開心的。接近中午時，這類人會有波能量高峰能夠深度工作，但在下午兩點到五點間，最好回到較不重要與輕鬆的任務。大概在下午五點到晚上九點，是狼型人的黃金時段，盡量把一天中最具挑戰性的工作安排在這時候。對狼型人來說，深夜才睡覺是很正常的。

在人格方面，狼型人顯得較內向，具有內省能力，而且確實有些與眾不同！若狼型人能夠按獨特的生理節律工作，他們的創意與獨立思考將令人驚豔。在整個世界沉睡時，狼型人正策畫著傑出的謀略。

獅型人則跟熊型人有很多相似的地方，同樣在午餐前覺得最有活力與生產力。獅型人可以輕鬆早起，在中午前就能完成不可思議的工作量。但相較熊型人整天穩定平均地釋放能量，獅型人的能量高峰來得快去得也快。

獅型人在早上消耗大量能量工作後，覺得疲憊不已，可能會在下午敗給能量低谷。這類型的人比其他時型的人更早起，大概早上六點或七點最適合他們起床；而工作黃金時段緊接著開始，早上八點到中午十二點左右是顛峰。獅型人最好的表現從起床那一刻就開始了，直到一天工作的疲憊開始影響他們，所以應該盡可能在中午前把事情完成。如果你是獅型人，一天的作息就像是一早把重要的獵物捉進袋子裡，接下來一整天就能放鬆下來。

建議獅型人從中午到下午四點間，專心處理那些比較不重要的工作，若覺得需要小睡充電一下，就睡吧！確定自己在下午四點到晚上九點間能好好放鬆，畢竟獅型人沒有在下午好好休息的話，就會變得緊張不安。另外，最好在晚上十點左右就寢。雖然說不早點睡覺，獅型人依然能在早上六點起床，但就沒有足夠的能量維持巔峰時段。對獅型人來說，晚上沒睡好意謂著明天將漫長且昏沉，不但錯過生產力的黃金時段，下午更會覺得累垮了。

獅型人占總人口的百分之十五，常歸類為高成就與上進的類型。你是否讀過歷史上知名領導者與成功人士的故事，早上五點起床，把整天的工作都擠在早餐前完成？這些人很可能就是獅型人！當然，這類人非常有魅力，是能激勵人心的領導者，而且精力充沛；前提是要在正確的時間遇到他們。

最後是海豚型。如果讀完前三種時型的敘述，覺得與自己都不符合（或是恰好相反，全都符合！），那你可能就是海豚型。在自然界，海豚即便在睡覺，還是有一邊的大腦是清醒的。海豚型的人有點像這樣——非常聰明與警覺，但容易失眠，注意力有些渙散或凌亂。這類型的人很難早起，但早起後，在接近中午時會最有生產力。晚上時，海豚型人會發現很難讓自己的大腦關機休息。

海豚型人最受焦慮與睡眠干擾所苦；但也比其他時型的人更有彈性與創意。他們最可能有隨性與不固定的睡眠時間，所以更需要好好休息，以免身體疲憊不堪而累垮。在深夜到早上六點睡覺，對這類型的人再好不過，他們所需的睡眠遠比其他時型的人少上許多。建議海豚型人把最艱難的任務排在早上十點到中午，保留足夠時間放鬆緊繃疲憊的神經，好好休息。據說，這類型的人只占總人口的百分之十，具有聰明、富創意力、易於焦慮的特質，並能在短時間內完成大量工作，可說是瘋狂科學家的類型。

所以自己到底屬於哪一型？網路上提供非常多測驗與檢核表，可以找出最可能的類型。不過，仔細檢視自己的優勢與短處，是輕鬆辨認時型的方法。除了考慮自己的作息外，也嘗試回答在沒有外力的影響下，你會做些什麼。比方說，為了照顧新生兒或大考前臨時抱佛腳而熬夜，就不屬於你原本的作息。同樣的，憂鬱情緒、季節變化與服藥狀況都可能造成早上起不來。試著找出長期、未受外力干擾而且持續的睡眠傾向，才能知道自己是哪一型人。

舉例來說，要是白天能量穩定起伏，而且能量高峰在早上與下午一、兩點時，代表極有可能是熊型人。如果狀況相似，只是能量輪替發生得更早，則是獅型人。若在晚上工作表現得最好，顯然是狼型人；不過要注意，會熬夜不等於生產力的黃金時段就會在晚上；狼型人可不只是晚上不睡覺，還非常清醒，精神煥發。最後，若是睡眠很淺，需要定期充電，且常感到焦慮，很有可能是海豚型人。

一旦找到自己的時型，下一步再明顯不過——把困難的工作排在先天的能量高峰，確認其他時間做比較輕鬆、枝微末節的工作。每個人都該維持規律的就寢與起床時間，但時間因人而異。一般而言，提到能量與生產力時，大多數人有個迷思，認為自己懶散、低成就或缺乏動機。瞭解自己的時型之所以具有啟發性，正是因為在理解每個人都有最佳節律後，透過釐清自己的時型，體悟到其實自己是具有能量、動機與驅力的，一切不過是時機問題而已。

你或許會納悶，睡眠節律與用餐時間會如何相互影響。事實上，時間不僅左右睡眠，對生活中的每件事也都有著重大意義，包括吃飯、運動、工作以及其他面向。談到食物與能量額度的關係，血糖濃度是最重要的因素，也是另一項需要維持的血液指標與生理節律。不過在正式談到血糖的重要性前，我們要先來談談另外一個睡眠相關議題——午睡。

◇睡眠跟午睡有何不同

僅次於食物與水，睡眠也是人體不可捨棄的需求，要是睡眠不足，身體和心理狀況會急速衰退。你可能已經聽過關於多數人都要睡滿八小時的睡眠迷思；但如同前面提到的，不同的人有不同的睡眠需求。不可否認的是，不論是哪一種時型的人，身體每天都需要休息與自我回復的時間。

有些人覺得中午小睡片刻是充電與放鬆的好方法；其他人則覺得午睡會干擾晚上的睡眠狀況，讓自己昏昏沉沉。然而，午覺也有不同類型，透過瞭解各種類型的午覺，便可以配合自己的時型，睡個聰明的覺。

▼午睡的類型

- **回復型午睡：**目的是為了補回昨天晚上不足的睡眠。
- **享受型午睡：**如其名，是單純享受中午的小憩片刻！它讓你放鬆、改善情緒並增進能量。

- **預防型午睡**：知道自己會有段時間睡眠不足而提前小睡，例如熬夜或上大夜班。
- **必要型午睡**：生病時的深度休息，讓人體免疫系統能對抗疾病感染。不論是否有意願，身體自然會強迫你睡上一覺。
- **滿足型午睡**：孩童獨有，他們比起成人更需要睡眠。這類型的午睡可能隨時發生；或可以預先為嬰幼兒規畫好一天的午睡時間。

以一般狀況的睡眠週期來說，小睡五分鐘的時間太短，無法進入到較深的回復階段，這點需要謹記於心。要是午睡超過三十分鐘，身體確實可以進到深度睡眠，但隱含另一個問題，你已經不是小憩片刻，而是深度睡眠了。這時醒來只會覺得提不起勁，並不會精神煥發，而且還干擾晚上的睡眠。所謂充電小睡的時間，一般約介在十到二十分鐘之間。

人體每天都需要睡眠，但午睡呢？回復型、預防型與必要型午睡有其用途，也有各自影響。享受型與滿足型則有好有壞，取決於睡多久、時機、年齡，還有隨後要做的事。

簡單來說，恆定睡眠驅力（homeostatic sleep drive）就是指想睡覺的感覺。不吃飯的時間愈長，飢餓感會累積，睡眠驅力也一樣，愈長時間沒睡覺累積愈多。午睡有助於降低睡眠驅力，讓人較清醒，表現得更好、更專注、學習更有效，甚至能提升管理自我情緒的效率，這是一件好事。但要是減少睡眠驅力，反而讓你晚上太有精神而睡不著，午睡就是件壞事，可能會陷入失眠的惡性循環。

如你所見，午睡的好處與壞處其實是一體兩面。短期而言，減少睡眠壓力有助於克服疲憊；但也可能干擾人體自然的睡眠，狀況反而惡化。若經常需要午睡，很可能表示身體正在填補更大的睡眠問題，甚至午睡本身就是個問題！

晚上難以入睡的人，就要避免午睡（像是海豚型人）。要知道自己適不適合午睡，最好的方法是留意它對睡眠週期的影響。假設午睡讓你晚睡晚起，很可能隔天會很疲倦，覺得自己中午又需要小睡一下，就會導致惡性循環。一般來說，最好的方法是堅持偶爾睡回復型午睡或必要型午睡，讓自己撐過疲勞，如此一來，就能繼續累積睡眠壓力（sleep pressure），在晚上一夜好眠。

如果你發現午睡對自己非常有效，不但讓你精神煥發，而且不會因此犧牲晚上的睡眠，那麼這邊分享的幾個方法，將更有助於讓你的午睡發揮最大的效益：

- 保持每次午睡只睡十到二十分鐘。
- 在早上起床到晚上就寢這段時間的中間時段午睡，確切的時間隨時型不同而異。原則上避免在上床睡覺的前幾個小時午睡。
- 午睡環境必須是涼爽、安靜、陰暗、舒適與保有隱私的地方。
- 用些方法放鬆，放空心思，把煩惱放一邊。才不會把時間花在煩惱上，而無法休息。
- 注意自己午睡起來後的感受，以及對你各方面的影響，根據狀況做調整。

午睡有助於提神醒腦、提升敏銳度，讓人稍微放鬆。不過，如果有以下兩個症狀，就要避免午睡：（一）懷疑自己想睡午覺是為了掩蓋更嚴重的睡眠問題；（二）午睡習慣會干擾自己的晝夜節律。

另外要記住，午睡時不一定要睡著才能休息與恢復元氣。其實，短暫的冥想、呼吸練習或是放鬆技巧，都能讓大腦得到休息，重新調整自己，放空心思，而且不會犧牲晚上的睡眠品質。

接下來，要來談談血糖與能量的相關問題，以及如何管理血糖，才能整天都維持最佳的能量狀態。

◇攝取適量葡萄糖

想要吃得有能量，血糖濃度是一大關鍵。不妨把血液中的葡萄糖當作實體化的生理能量。葡萄糖就像石油，人體需要葡萄糖才能驅動每個部位，包括大腦的思緒。然而，太多或太少的葡萄糖都會有不好的後果，我們已經知道吃太少的問題，吃得太多則會造成過度補償，導致能量如山崩般減少。維持適當與平衡的血糖濃度，身體才能良好運作。

要初步理解血糖濃度，最簡單的方式是從升糖指數（**glycemic index**，簡稱GI值）說起。GI值可用於評估人體將不同食物分解成葡萄糖的速度，這些食物多是碳水化合物。換句話說，GI值測量了某類食物影響血糖濃度的多寡與速度。GI值愈高，表示食物愈快轉換成血液中的葡萄糖。

吃過正餐後，人體血糖濃度上升，刺激胰島素釋放，使血糖濃度回歸正常。身體有各種方法將血糖濃度保持在較穩定的範圍，血糖濃度低時，從肌肉、肝臟或脂肪釋放儲存的能量；血糖濃度高時，則會釋放胰島素吸收多餘的葡萄糖。人體一旦偵測到血糖濃度升高，就會釋放大量且成比例的胰島素，造成前面提到能量如山崩般減少的現象。

所以，配合GI指數攝取葡萄糖的目的，在於讓血糖濃度盡量穩定。這麼做可以避免能量出現極端值，讓能量一整天下來都能和緩穩定地釋放。要達到這個目的，需要瞭解用餐時機與怎麼選擇食物。

食物GI值愈低，對釋放胰島素所產生的影響就愈輕微，血糖濃度增加也愈緩慢平穩，使人有穩定的能量與食慾。相反的，食物GI值愈高造成人體短時間釋放大量胰島素，快速降低血糖，隨後讓人陷入能量低谷，覺得疲憊並再次感到飢餓。

一般而言，低GI值的食物讓人在各方面都能達到穩定，包括血糖、能量、食慾與情緒；高GI值的食物則相反，使人感到血糖過多、能量起伏不定，還會激起額外的食慾，吃下遠超過身體所需的食物量。

血糖之所以會如雲霄飛車般高低起伏，全是吃精緻碳水化合物與單醣（simple sugars）食物所造成的。雖然GI值不是衡量食物的唯一指標，卻是談到能量時務必要考量的重要資訊。GI值並不會告訴我們有關食物熱量或營養密度的資訊，所以制定飲食計畫以求最佳能量時，切記GI值不過是眾多考量因素中的一個。

升糖負荷（glycemic load，簡稱GL值）是另一項指數，主要是考量任一時間吃進多少碳水化合物的量，以及對血糖的影響。食物份量確實會造成不同的升糖負荷。若GL值愈高，血糖濃度的尖峰值愈高。理論上，自然希望GI值與GL值都愈低愈好。幸運的是，以其他觀點看來，擁有低GI值與GL值的食物也是最健康的食物，通常也都富含維他命、礦物質、纖維與抗氧化成分。

老實說，碳水化合物本身並沒有不好或不健康；精緻的碳水化合物會在體內快速轉換為葡萄糖，才是導致血糖濃度不穩與能量呈現極端的元凶。水果與蔬菜同樣也是碳水化合物，但若包含大量纖維與水分，升糖負荷就可能低到足以抵銷單醣的大量卡路里。也就是說，香蕉與馬鈴薯這類高GI值的食物，仍是天然植物性食物，富含多種營養，能掩蓋高GI值的負面影響。

在制定提升能量的菜單時，要包含少量高品質脂肪、足夠的蛋白質與植物來源的碳水化合物。避免缺乏營養的碳水化合物，如蛋糕、白麵包、含糖點心、汽水、白飯與白麵條。假設決定要吃精緻澱粉，試著少量攝取並搭配其他低GI值的食物，如此一來，一餐GI值的總額還是偏低。當然，若非得吃高GI值的食物不可，不妨搭配含有脂肪與蛋白質的食物，這麼做可以減慢葡萄糖的吸收。

首先要檢視目前的飲食習慣，找出可以取代的部分。可以從小地方做起，像是早上時吃全麥麵包而不是白麵包，或吃麥麩片而不是含糖穀片，當然還有各種蔬菜水果，尤其是那些高纖與高水分的種類。不過，沒有必要計較每一克的碳水化合物，也不用嚴格限制食物的種類。只要養成選擇適合自己身體「燃料」的習慣，讓新陳代謝緩慢穩定地燃燒，而不是反覆陷入疲憊不堪與精力充沛兩種極端狀態的快速循環即可。

用豐盛的一餐開啟一天吧！燕麥、水果、抹上花生醬的吐司、包著蔬菜的歐姆蛋、麥麩片或是高蛋白奶昔都是不錯的選擇。午餐不妨試試全麥土司做的三明治，餡料包括起司、煙燻鮭魚、雞肉；吃素的話則可以用鷹嘴豆泥。配上沙拉或富含纖維的湯和些許糙米，加入蔬菜、豆腐或水煮蛋也不錯。至於晚餐，可以吃和午餐相同的食物，只要有均衡的碳水化合物、脂肪與蛋白質，都可以嘗試。

舉例來說，肉類與豆類是蛋白質來源；馬鈴薯、糙米、玉米或其他全麥穀物提供碳水化合物；起司、酪梨、堅果或橄欖油則是脂肪來源。另外，與其吃高GI值的冰淇淋或蛋糕這類熱量炸彈當飯後點心，不如試試煮過的水果、花草茶或幾塊百分之七十五的黑巧克力。

總而言之，記住GI值不是食物好壞的終極標準；其實有些健康食物的GI值比所謂「不健康」的食物還要高，所以務必要謹慎。同時，GL值總額也很關鍵。飲食計畫若大致健康，偶爾享受精緻澱粉並沒有問題，重點是要少量攝取。食物如何影響血糖取決於很多重疊的因素，GI值不過是其中的一項。不過，一旦下定決心不吃顯然缺乏營養的精緻澱粉，餐餐飲食均衡，必會有所收穫。既然買下這本書，你大概是懂得用網路搜尋的聰明人，上網就能輕鬆找到「低GI值食物」，為自己量身訂製飲食計畫，找到替代食物。

最後一項要記住的是用餐時間。若整天吃得適量，而且時間間隔平均，血糖濃度便能保持穩定。儘管有證據指出禁食對健康有益，但長時間維持低血糖或強迫身體進入酮症狀態（**ketogenic state**，簡單來說是燃燒體內的脂肪換取能量）對情緒與能量反而有如地獄，即便你確實甩掉了幾公斤的體重。一旦結束禁食，可以想見身體會更快釋放胰島素，能量快速升高又下降的情況將更常發生。規律進食，避免挨餓，畢竟飢餓只會讓你缺乏意志力，難以在下一餐抵抗垃圾食物的誘惑。

雖然要留意攝入的碳水化合物，但不代表需要避之唯恐不及。要是把碳水化合物妖魔化，完全屏除在飲食外，你會發現自己飢腸轆轆，毫無理由地脾氣暴躁。碳水化合物對大腦基礎功能實屬必要，更能促進新陳代謝的各個面向。不妨這樣想，碳水化合物相當於新陳代謝的火種，蛋白質是修復與維持肌肉的基本要素，脂肪對能量則不可或缺，確保內分泌系統與人體其他重要機制能正常運作。

也不需要放棄喝果汁或吃甜甜圈，但至少要把有百分之八十的時間吃得健康當作目標，如此一來，就能弭平如雲霄飛車般起伏的血糖曲線。蔬菜、全麥穀物、堅果、肉類、乳製品與雞蛋讓人有穩定的能量，幫助我們處理生命中的大小事。

◇彌補不足的營養素

最後要介紹一種方法，讓飲食能幫助你整天維持高且穩定的能量，那就是「保健食品」。

健康飲食是不可捨棄的第一步。有這層基礎後，還可以用很多方法提升身體能量。前面提過能量不平衡可能來自睡眠問題，或忽略了晝夜節律、心理問題（像是壓力與創傷）、過度使用身心（將自己逼到超過身體極限，直到身體疲憊不堪強迫你停止）。不僅如此，如同前面所讀到的，疲倦也跟營養有關，而且不只是在肉眼可見的層面。就算你已經竭盡全力讓自己一覺好眠並減少壓力，維他命與營養不足，甚至賀爾蒙干擾等隱性問題，仍會在背後悄悄地減少能量。

保健食品就是用來支援這種狀況。或許你已試著實踐前面提到的改變（包括好好睡覺與吃低GI值食物），但發現還是難以專注、無法養成好習慣，且缺乏對生活的彈性與熱忱。如果只是不感到疲憊而已，與精力充沛、準備好迎接生活的意義還是不一樣的。你嘗試點燃生命之火，卻仍感覺拖著身體前進，這時可能就需要一點額外的補給。

保健食品有兩個角色，一個是針對個人的特定問題加以改善（例如維他命D膠囊能彌補攝取不足，消除造成疲勞的因素）；另一個則是輔助功能，不是出於缺乏才服用，而是想要增進表現、能量與彈性。後者又稱作「益智劑」，它們可能可以幫助你實際達成夢想，不會讓你在逐夢的道路上，因勉強前行而困於途中。

若常為疲倦感所苦，可以請醫生抽血檢驗，找出自己是否缺乏某些營養。部分地區可以買到在家檢測的工具，也是一種選擇。導致疲倦感的常見因素包括鎂離子（magnesium）[11]、維他命B-12（不是只有吃素才會缺乏這類營養素！）[12]、碘離子（iodine）[13]、褪黑激素、維他命D（尤其是住在冬天缺乏日照而陰暗的地區）[14]、輔媒Q10（coenzyme Q10）[15]以及鐵質（iron，女性較常缺乏）[16]。

---

11 為人體第四豐富的礦物質，僅次於鈣、鉀、鈉，以離子形態存在。主要功能為協助人體內部酵素維持活性，其他功能包括維持神經與肌肉機能、影響心臟與血管運作、建構與維持骨骼等。

12 為水溶性維生素，能保護神經細胞功能，改善健忘與注意力不集中，故又稱作「記憶力的維生素」。其他功能包括協助醣類、蛋白質和脂肪細胞代謝、參與細胞分裂與ＤＮＡ合成。另與維生素Ｂ９（又稱葉酸）共同造血，缺乏時會導致貧血。

13 人體維持甲狀腺功能的必要營養素，故與新陳代謝、腦神經發育及成熟、身體生長發育有關。

14 為脂溶性維生素，依化學結構分為Ｄ１、Ｄ２、Ｄ３、Ｄ４與Ｄ５。協助體內平衡與代謝鈣質，可預防軟骨症與骨質疏鬆等骨頭相關疾病。人體需太陽光中的紫外線，才能自己合成維生素Ｄ３。

15 參與真核細胞粒線體中的電子傳遞鏈和有氧呼吸，而人體有百分之九十五的能量來自粒線體。故心臟、肝臟與腎臟等能量需求較高器官可發現較多輔酶Ｑ１０。

16 紅血球中血紅素的主要元素，為造血的重要功能。也與免疫作用、能量代謝相關。

假設你常為疲倦所苦，或許會對只要確保攝取足夠的微營養素（micronutrients），就能增加許多能量而感到驚訝。不要先入為主，就算吃得健康也可能缺乏維他命與礦物質，千萬不能排除這個可能性。至於益智劑，市面上不乏為增進表現與健康而設計的補品，有些有科學根據，有些僅有口耳相傳。高麗人蔘（Red panax ginseng）[17]、松花粉（pine pollen）[18]、紅景天（Rhodiola rosea）[19]，以及多種「適應原」（adaptogen）[20]，包括南非醉茄（ashwagandha）[21]、薑黃（turmeric）[22]、聖羅勒（tulsi / holy basil）[23]與光果甘草（licorice root）[24]常被視為是有益於紓壓、提升能量與促進整體健康的補品。上述補品都有科學的根據或口耳相傳，然而每個人身體組成都不一樣，因此最好還是自己做好功課。

17 《神農本草經》與《本草綱目》皆有記載，現代醫學也證實人參有抗癌、補氣、提升新陳代謝等功效。

18 《神農本草經》、《本草綱目》與《新修本草》皆有記載，外觀為鮮黃或淡黃粉末，能治感冒、頭暈、胃痛與皮膚外傷等症狀。

19 為類別名稱，多生長在如西藏高原的高寒地帶。可用於治療高山症引發的缺氧症狀、肺炎、糖尿病、哮喘與癌症，也有抗氧化、增強體能的保健功效。

20 泛指幫助紓壓、減少焦慮、消除疲勞與增進健康的植物。

21 睡茄屬下的一種植物，生長在印度、尼泊爾、中國、葉門等較乾旱的地區。含有生物鹼等成分，能振奮精神與神經系統、調解壓力、增進身體耐力、抗發炎、防老化等。

22 為薑黃植物的地下塊莖，可用於咖哩香料與藥物，含有薑黃素，可抗發炎、防老化、預防心血管疾病、失智、抗癌、防癌、抗憂鬱與改善膚質。由於薑黃素重量只占地下塊莖百分之三，故需經萃取。世界衛生組織建議一天攝取薑黃素的量不得超過兩百毫克，且安全性未完全證實，故不宜攝取過多。

23 羅勒屬下的一種植物，遍及東南亞及熱帶地區。印度教的傳統醫學阿育吠陀（Ayurveda）常使用聖羅勒治療。能治頭痛、感冒、胃痛、心臟疾病、中毒、瘧疾、哮喘與抗發炎。

24 可用於化妝品與藥品。醫學上有抗發炎、解毒、止咳平喘、調解免疫系統等功能。化妝品則可美白、保濕、抗發炎、抗氧化與抗過敏。

◇喝水提醒

關於喝水的重要性，還需要爭論嗎？缺水嚴重影響你的能量、心智表現與整體的大腦健康。大腦有百分之七十的水，這就是為什麼當人缺水時，大腦是最受影響的器官。

二〇一一年坎普頓（M.J. Kempton）教授於英國進行一項研究，指出如果汗流不止九十分鐘且沒有補充水分，腦部萎縮的程度相當於老了一歲的狀態，或相當於阿茲海默症發病後三個月的大腦。人們當然希望這只是暫時的。羅浮堡大學（Loughborough University）於二〇一二年的研究結果則顯示，在缺水狀態下開車，專注力、反應時間與動作技能都會變差，就像酒駕一樣，非常容易出錯。另一位學者瑞伯（S.K. Riebl）於二〇一三年的研究結果也顯示，就算缺水率只有百分之一，分析思考、長短期記憶、問題解決與一般認知能力仍受到顯著影響。

所以，多喝水才會有更多能量，確保自己的身體與大腦良好順暢地運作。不要覺得口渴時才知道自己需要更多的水分。要先採取行動，因為等你感到口渴，表示已經缺水好一陣子，那時就已經太遲了。多喝水，並留意天氣、環境及其他讓你需要喝更多水的因素。傳統上建議「一天要喝八杯水」的標語不一定準確，人體根本不需要那麼多水分，但你確實可能需要喝比目前習慣還要多的水。

喝下比你覺得自己所需還多的水，就是讓身體能量滿滿的正確做法。

本章提要

- 談到能量，必須先從生理層面談起。人體相當於引擎，加滿能量才能表現出色，甚至需要能量才能正常運作。消滅奪走生理能量的元凶，以更好的習慣與意識取代。也可以檢視自己能量耗盡時會發生什麼事，也就是陷入倦怠時的狀況。倦怠正是奪取能量的最大元兇，是人體處於壓力與焦慮時崩潰的狀態。
- 另一名奪走能量的吸血鬼則是缺乏良好品質的睡眠，讓人生產力低落且無法充分休息。你的睡眠衛生可能非常糟糕卻不自知。這時該做的事情包括睡前避免藍光、紓發壓力與保持規律睡眠時間。還需要找出自己的時型，瞭解它跟自己的晝夜節律有何關係。晝夜節律直接影響超晝夜節律，而人清醒時遵循超晝夜節律，也是考慮能量自然起伏時需要列入的變項。總而言之，充分休息的睡眠是力量乘數（force multiplier），使其他無關的領域也有好的結果。

- 主要時型一共有四種：熊、獅子、狼與海豚。透過瞭解自己的時型，就能以生產力黃金時段為核心規畫一天。除了找出自己最有生產力的時段之外，也需要考量壓力波動與外界的溝通需求。
- 只要做得適當，午睡可以非常有效。午睡時間不要超過二十分鐘，要是會犧牲晚上的睡眠品質，就要避免午睡。
- 接著要來談談人體的燃料——飲食。有不少文獻教人吃得健康，但很少文獻教人如何吃得有能量。這個問題攸關兩個較陌生的概念：升糖指數（簡稱GI值）與升糖負荷（簡稱GL值），以及整天的吃飯時間。確保自己的血糖濃度維持穩定與適當，畢竟血糖太高或太低都會導致能量快速下滑。因此，必須掌控GI值（食物轉換成血糖的速度與規模）與GL值（攝取碳水化合物的量），以及一天進食的時間點。

- 除了吃足夠的葡萄糖外，也要確保攝取足夠的維他命與礦物質。人體不能欠缺任何一種營養。也可以透過服用特定益智劑增進能量，或是吃複合補給品提升生理狀態。
- 水很重要。多喝水，使大腦有充足水分，維持高能量。

3

CHAPTER

情緒與心智能量吸血鬼

在上個章節中，提到珍貴的能量可能因多種生理因素停滯或流逝。但不可否認，即便生理狀態良好，還是可能感到能量枯竭。事情萬無一失，卻依然覺得生命力正離自己而去。這到底是為什麼呢？

還記得能量金字塔的概念嗎？各層面都有所關聯。某方面來說，相較於奪取生理能量，情緒和心智的吸血鬼更可怕，因為後者較難以辨識，沒有形體，也缺乏簡單明瞭的函數方程式加以修正。即使耗費更多心力，也不會等比例轉換，改善能量狀態。此時往往有個核心問題需要面對，不然所有的心血都將白費。

多數人可以理解如果晚上沒睡好，隔天會精神不佳，但如果是因為跟親朋好友大吵整個早上、金錢壓力或是對生活抱持莫名的焦慮而感到疲憊，就沒那麼多人能理解了。不幸的是，面對吸取情緒與心智能量的元凶，有時也只能等它們打劫完畢。比方痛徹心扉的分手或離婚後，慢慢等待著想活下去的意志重新燃起。

其實，絕大部分的慢性疲憊，並非生理問題引發，而是情緒與心理問題（雖然兩者往往互相影響，而落入先有雞還先有蛋的困境）。細菌或病毒能讓身體變得虛弱，情緒「病毒」同樣阻撓我們前行，讓人覺得沮喪、疲憊與悲觀。心智的影響力遠勝於身體，而且它不允許我們遺忘這點。

想想身心病的症狀，放縱自己沉溺於負面感受的人，或聽聞重大噩耗而一夜之間陷入緊張性抑鬱障礙（catatonia）[1]的人。思想與情緒會透過四肢沉重、動作緩慢、感到生命力消逝等現象表現。你是否注意到壓力很大時，比較容易感冒、得流

1 重鬱症患者與思覺失調患者都可能出現緊張性抑鬱障礙的行為，包括沉默、身體僵直、活動困難，或無意義與怪異的動作。

感，或是焦慮而讓腸胃不舒服？是不是跟某些人相處時覺得輕鬆愉快，跟另一群人相處卻感覺疲憊不堪，彷彿跟他們互動就像吸乾能量一樣。

更進一步來說，我們並沒有覺察到情緒能量吸血鬼。雖然身體呈現生理症狀，背後原因卻是意識還沒找到認知他們存在的方法。要是沒發現問題所在，我們可能會不斷吃保健食品跟花椰菜，努力每晚睡飽八小時；然而這不會改善任何狀況，畢竟癥結在於對自己的工作感到恐懼，或面對不討喜事實的緊繃感。

你如何看待自己、自己在世界的定位，以及對這一切更深一層的假設，都在表面下悄悄醞釀。要是不自覺抱持「我是個魯蛇，注定一事無成」的想法過一生，不就像是與一種幾乎無病徵的慢性病共存嗎？

◇自我挫敗

情緒能量源於我們如何看待世界，以及自己在其中的位置。不幸的是，人對世界的認識有百分之九十九都是錯誤的，這點無庸置疑。所見不一定為實，乃是世間不變的道理。

之所以會抱有錯誤的認知，是因為過去經驗帶來的各種偏見與錯誤觀點。當然，其中也會有好的觀點，但大多還是以負面為主，這也是為什麼本章要談這個議題。負面觀點強化了不安全感，奪去自信與力量，是吸取能量的終極大魔王。使我們花太多時間擔憂與焦慮，而沒有力氣完成更多事情。只要大腦處於輕微沮喪的狀態，就會流失能量來保護自我。

要阻止情緒能量吸血鬼，必須先改變自己看待世界的方式。資訊與事件本身是中立的，透過我們的詮釋才有了正面或負面意義。如何看待事物決定了現實，也足以完全瓦解我們的自信與堅持到底的意志力。

現在，或許你正飽受認知扭曲（cognitive distortions）[2]所苦，認知扭曲是以負面、消極的信念看待現實，而這些信念往往是錯誤的。認知扭曲能摧毀人的自信，使人自信心低落，覺得無法掌控自己的人生。它也是具摧毀性的自我對話，可能難以改變且容易上癮，以至於人們無法察覺，自己正在打造一種注定不幸與缺乏自信的現實。

大多數人都已經難以應對現實生活中的問題，要是看待世界的觀點變得更兇險與困頓，只會不必要地損及自己的自信與意志力。

現在來談談克雷格的故事。從洗手間回來後，克雷格經過上司麥克斯的辦公室，裡面正在舉行閉門會議。克雷格經過玻璃門時，發現幾乎所有同事都在會議室裡，而且不少人朝他的方向看過來。

克雷格立刻覺得緊張不安。他心裡想著：「他們在議論我嗎？」、「我做錯了什麼嗎？」、「自己可能馬上要被炒魷魚了！」上星期，克雷格注意到席拉與凱蒂在員工休息室裡看著自己，兩人還竊笑著。克雷格覺得自己可能要被開除了，而且也不會拿到好的推薦函，根本不可能找到另一份工作。沒有工作，下個月就付不出車貸，銀行會把車子強制收回。

2 源於美國心理學家亞倫．貝克（Aaron Beck）的認知理論。貝克提出認知行為療法（CBT），後世稱其為認知療法（cognitive therapy，簡稱CT）之父。

接下來一整天，克雷格陷入負面思考的漩渦，擔心未來的職涯前途，還有如何在沒有固定薪水的情況下生活以及找新工作。他驚慌失措、焦躁不安，打電話跟朋友大肆抱怨好幾個小時，這麼做只是讓自己疲憊不堪、倍感壓力，無助於找到任何一種解決方法。

明天就是克雷格的生日，但他卻沮喪不已，勉強自己工作，為最糟的結果做準備。他心想在生日當天遭到開除還真應景（不過是最悲慘生日排行榜第四名而已），心中已經預備好面對後果。

一坐到位子上，他就聽到很大聲的「克雷格，生日快樂！」每位同事都帶著小禮物，聚到他的桌子旁。席拉衝過來，興奮地說：「我們準備了好幾個禮拜！昨天你走過麥克斯辦公室前時，我們還以為露餡了，但看來真的成功嚇到你了」。克雷格非常感激，也鬆了口氣，但負面想法已經對他的能量造成傷害，自我懷疑造成的傷害更是毫無意義。

故事中，克雷格就為嚴重的認知扭曲所苦。對於同事一起開會這件事，他的解讀既負面又損耗能量。其實同事正在計畫他的生日驚喜派對，克雷格卻直接下結論，而且是最糟的結果。這類的認知扭曲有損克雷格的自尊，讓他陷入恐慌，浪費能量及時間擔心未來不可能發生的事。

現在請想像自己正受認知扭曲擺布，造成能量的損耗。反擊負面想法的第一步，就是察覺自己擁有這些想法。接著必須努力拒絕這些想法，或是為自己的焦慮找出替代的解釋。透過一再駁斥與阻擋負面思考，時間久了，這些自我毀滅的想法自然會消失，被較理性與平衡的思考取代。唯有常保持警覺，正向思考的好習慣才能取代認知扭曲的壞習慣。

多數人或許能在工作時察覺負面的內在自我對話，卻無法發現它就是使我們遠離現實的元兇。接下來會列出常見的認知扭曲，用例子說明、討論它們是如何左右人的情緒穩定度和損害能量。

▼二分法思考（All-or-Nothing Thinking）

- 「慘了！我這個月一本書都沒看，我本來打算要看三本的！我真是有夠糟糕，老是沒辦法堅持目標。要是連讀三本書都做不到，還是不要讀算了。」
- 「我曾經張著嘴巴咀嚼食物。我那時怎麼會這麼做呢？有夠噁心。沒有人會想跟我這種人在一起。我的女朋友泰莎肯定明天就會跟我分手。我就是知道！」

二分法思考又稱作隧道視野（tunnel vision），這類認知扭曲發生在我們用單一結果或因素評估整個情勢，把其他結果都當作失敗時。也就是非黑即白、是與否、失敗與成功的思考，而不是用平衡的觀點看待事物。

電影《王牌飆風》（*Talladega Nights*）的賽車手瑞奇・鮑比（Ricky Bobby）說：「不是第一，就是最後。」（If you ain't first, you're last.）顯然，這句話並不是真理，但這番強烈對比就是二分法思考的產物，按這種思考邏輯，失敗會成為最可能面臨的情境，讓人感到無力。如你所知，沒有達成目標不代表世界末日即將到來，看似巨大且不可逆的後果往往都並非如此。

二分法思考也展現在對行為與期待的僵化規範上。違反規則的人讓我們感到憤怒；自己違反時則滿懷罪惡感。舉凡含有「應該」或「必須」的句子，聽起來雖然很勵志，像是「我必須每天去健身房運動」或「我必須在上班前十五分鐘到公司」……但同時也剝奪了彈性，只要生命中有其他事件打亂你的計畫，就沒有太多空間可以協調與調整。

這些思考傾向造成注定失敗的預期心理。要是連續遇到這些事情，難免會覺得自己缺乏信心與表現差強人意。

想克服二分法思考的認知扭曲，必須挑戰去看兩端以外的中間地帶。

▼個人化（Personalizing）

- 「為什麼我們的女兒瑪莎常換工作？從一間公司又跳到另一間。我覺得她根本是被上間公司開除。身為父母，我一定有哪裡沒做好。要是當初把她送去讀像勞勒塢高中（Laurelswood High School）這種比較好的學校，而不是地區的公立高中，現在就不會發生這種事了！全部都是我的錯。我當初應該辭掉工作，好好陪伴她。」

- 「派翠西亞的牛肉烤焦了，讓我覺得很愧疚。要是我跟傑洛米沒有晚三十分鐘才出席晚宴；或是我催促傑洛米動作快點，這些事情都不會發生！我應該為這件事負起全責，我應該自己準備每道菜。」

個人化可以說是罪惡感的來源。這類的認知扭曲會把每件事都認為跟自己有關，就算客觀而言，事情根本不是你的錯，你還是認為自己要負責。雖然為自己的行為負責是值得尊敬的美德，但世上有些事情本來就不在你的掌控之中，像是地鐵時刻表、他人的行動，以及日常生活的各種因素。

受到個人化影響時，就算在邏輯上說不通，還是會相信其他人說的每句話或做的每件事都衝著自己而來。若相信自己要為世間所有問題負責，那麼自然很難正面看待自己。要有自信，你必須專注在自己身上，而不是他人對你的看法。

個人化的反面則是外化（externalizing），是另一項需要留意的認知扭曲。落入外化的陷阱時，會拒絕責怪自己，反過來把所有過錯推到其他人與事情上。對陷入外化思考的人來說，世界總是找他們麻煩，而且只針對他們；一味責怪別人的妨礙，讓他們感到痛苦或憂傷不已，甚至直指他人是自己生命問題的根源。所有責怪他人的行為都忽略了個人是如何導致自己的困難、痛苦或悲傷。個人化與外化都不是健康的思考模式，兩者都強迫我們耗費大量情緒能量，應付層層關卡與煎熬。

要逃離這兩種認知扭曲，必須詢問自己在事件中扮演何種角色，並思考除了責怪以外的選擇。

▼過度類化（Overgeneralization）

- 「上次的約會真是糟透了，我再也不想交女朋友了。反正我注定要單身一輩子。」
- 「他沒有一次準時的。前兩次約碰面，每次都遲到。這人沒救了，我決定這輩子再也不跟他見面。」

過度類化的陷阱就是只憑一次負面經驗，就一口咬定未來相同事件都會是負面的。過度類化的思考無法代表現實，是由我們單憑少量經驗、資訊與證據做判斷，直接妄下結論，打造了一個不符合現實情況的世界；說穿了不過是在自己的想像中運行而已（典型緩緩榨乾人類能量的行為）。

過度類化思考的常見關鍵字包括「總是」與「再也不要」。在講出或是想著以「總是」與「再也不要」為開頭的句子前，不妨先想想自己是否有足夠的經驗或證據作為支持。你有能力超脫此時此刻的感受，或是最近一次讓你有這種感受的事件嗎？情緒的本質是壓倒性的，會蒙蔽理性判斷能力——或許你不過是在抒發情緒，而非尋找中立的觀點。

要克服過度類化的陷阱，就要先思考，目前是否有證據顯示未來的事件會有所不同，想想目前的資訊足不足夠。在你的生命經驗中，是不是每件同種類的事都以相同結果收場，還是有多個例外？親朋好友中是不是也有相同經驗的人，還是有人有不一樣的故事？

▼災難化（Catastrophizing）

- 「蕾西又在外面混到很晚才回家。我知道她一定瞞著我偷吃。我們的婚姻是不會長久的，一定會以離婚收場。我現在就要找個律師。」
- 「為什麼我還沒有收到加州大學（University of Califonia）的錄取通知？他們肯定不收我。真不敢相信！我沒有辦法去讀任何一所大學。接下來要做什麼呢？我想是該去學怎麼當個水電工了。」

一旦陷入災難化的思考模式，會直接跳到最糟糕的結果，並覺得這最糟的結果即將發生而失去希望。災難化思考讓人倍感壓力與焦慮。就連最不起眼的行動都有巨大的影響。要是每天活著感覺都像在面臨自己的世界末日，又怎麼保持穩定與活力呢？

跟其他類型的認知扭曲一樣，必須藉由內在省思，避免災難化的思考模式。放慢步調，思考事情是否真的如你所想得那麼糟糕。你的假設真的符合現實嗎？思考其他的詮釋，還有過去相同情境的經驗。

問自己過去遇到相同情境時，做了什麼努力，最後結果如何？無關的旁觀者又會怎麼詮釋這個情境？你執著於什麼？又為什麼執著？

▼跳躍式結論（Jumping to Conclusions）

- 「為什麼今天早上大衛沒有對我微笑？一定是他覺得我昨天傳給他的專案

企畫很蠢！」

- 「根本沒必要去健身房，我永遠都無法達成與坎黛絲一起跑完一萬公里的目標。」

跳躍式結論是指依據個人看法與感受，對人或情境抱持不理性的假設。以匱乏與不安全感為源頭，而匱乏與不安全感影響我們接收資訊與論述的方式。若觀察到符合自己最壞打算的跡象，便在內心認為最壞的打算全部都實現了。如同其他認知扭曲，跳躍式結論的思考方式讓人落入負面思考的無底洞，直到最糟的假設成真。

跳躍式結論的認知扭曲又可分成兩類：過度解讀（mind-reading）與預測偏誤（fortune-reading）。過度解讀是指自認知道他人的想法。其實這根本不可能，然而認知扭曲給予人錯覺，依據自己想像中的他人想法做出決定。當然，想像中的他人總是想著自己最糟糕的地方。

預測偏誤則是沒有證據就預測未來會發生不好的事。陷入這種思考模式時，只會預測負面的結果，而且毫無真實根據。預測偏誤讓正向思考變得毫無可能。

▼情緒化推理（Emotional Reasoning）

- 「這個月又繳不出帳單了。我感到沒有希望且沮喪。沒有方法可以解決我的問題。」
- 「喔！天啊！我為什麼要提起那部電影呢？那已經是十年前的電影了，每個人都會覺得我很落伍。我根本是派對上最無趣的人。」

若落入情緒化推理的認知扭曲，意謂著我們以自己的情緒為證據，堅信自己的感受就是所面對的現實。這種生活方式非常辛苦。

按照這個模式行動時，客觀證據都會受到忽視，只有對事情的主觀感受才是真的。人類傾向相信自己的感覺，要是覺得自己愚蠢又無趣，那自己一定真的就是個又笨又無聊的人。這樣的思考謬誤常用這個句子表達：「既能感受，必是真實」。

情緒化推理可說是最危險的認知扭曲，因為它能完全悖離事實，而且短時間就有所變化。事實上，短時間內真的有不斷變動嗎？當然沒有！只有人的情緒在快速改變而已。

要維持情緒健康與能量，察覺及感受自己的情緒固然十分重要；但這不等同於應該把內心情緒當作真實世界。其實，人的情緒往往跟此刻的現實情況無關。記住，現實本身是中立不帶色彩的，然而情緒讓人將現實解讀為正面或負面。

不要落入情緒化思考的陷阱，掌控這種直覺式的反應，思考內心情緒是否阻止你客觀清楚地看待事情。問自己旁觀的第三者會怎麼解讀，跟自己的情緒反應相比較，試著調和其中的差異。就像你不會在餓肚子時去採買日用品，也不該在情緒湧上來時評估事實。做決定或採取特定行動前，永遠要花時間回到冷靜的狀態。

帶著情緒看待現況或思考，就像是邊聽著驚悚音樂邊觀看平淡的畫面，接著換成歡樂的音樂，下一秒又換成適合小丑登場畫面的配樂。音樂已經影響你的感受，以至於根本搞不清眼前正發生什麼事。

▼毀滅性比較（Damaging Comparisons）

最後，雖然心理學上並沒有這項認知扭曲，透過跟他人比較來檢視自己的人生仍會創造負面現實，耗費不必要的能量在自己無力改變的事情上。

不論具備什麼優勢與特質，只要和別人比較，都會變得沮喪。人傾向跟他人或是與某種理想比較，這種狀況並不好。

比較是後天習得的習慣，會毀掉你的自信，因為它嘗試把你的重要性與價值塞進狹窄的框架裡。我們必須明白，人是多種不同特質與才華的集合體。你有你的外貌、生產力、運動能力、打字速度還有其他能力，這一切都很重要。

然而，一旦以他人為衡量標準，就會忽視或是拋棄自己的長處，只專注在不擅長的項目或想像中他人擅長的事上。在社會情境下與他人比較的問題在於，我們會抱持著不切實際的理想，認為一個「完美的人」會在特定社會情境中有所表現。

這種「完美的人」就跟超人克拉克（Clark）一樣，都是虛構的。但我們卻認為這種人真實存在，一旦不符合標準，便覺得自己十分差勁與惡劣。要是與這種理想相比較，便看不到自己的長處、重要性與價值。

當你和他人比較時，只看到外在的事物，也就是他人願意展現給外界看的部分。然而這類觀點所看到的並非全貌，而且也不一定是他人的本質。我們不過是看到了最光鮮亮麗的一面，也就是他人願意呈現的那一面。以自己最陰暗及糟糕的部分與他人比較，最終就變成了自我貶抑。

其實，他人不僅僅是他們呈現給世界看的那一面，很多人都戴著美好的面具。例如大家可能都認識一對這樣的夫妻，看上去相處融洽、十分恩愛，相當幸福的樣子，而且心意相通，令人又羨又妒。但我們真的知道他們私底下的相處嗎？

希望你可以明白以上幾種認知扭曲不只是幌子，還耗損大量的心智與情緒能量。花愈多時間在腦海中為內心各種假想感到憤怒與沮喪，面對外在世界的能量就會愈少。

◇挑戰信念

不幸的是，認知扭曲反映我們的核心信念與一部分的心理網絡。這些信念很早就在心裡生根，隨著經驗而增強。多數人養成浪費大量情緒能量的習慣，滋養了認知扭曲。這就是為什麼認知扭曲難以對付，它們是人看待世界的方式，是不需要意識的反射性思考。然而，藉由觸發事件與負面情緒，我們會感受到認知扭曲的影響，大量能量就白白浪費在這些事情上，毫無益處。

從分析角度挑戰並改變認知扭曲的治療方式稱作認知行為治療（cognitive behavioral therapy，簡稱ＣＢＴ）。ＣＢＴ的主要方針是教導人正視自己的負面核心信念，重新編寫為較無害的想法。

有兩個主要的方法能夠介入自信心低落的循環。第一個方法是認知重構（restructuring）——察覺與改變對自己的負面認知思考模式以及不真實的假設。認知重構的治療目的在於瞭解為什麼會陷入負面回饋的迴圈，以及可以採取哪些行動有效改善自己的想法與行為模式，脫離惡性循環。察覺負面思考模式，明白自己為何執著於該想法，就能做出不同反應，朝正面的方向前進。

要如何建立意識，才能察覺無助於生產力的想法、情緒與行為呢？一般來說，不論哪種方法，第一步必是發現潛意識的想法，這些想法不斷地對我們的生活經驗做出評價。人傾向全盤接受潛意識的想法，認為它真實反映了現實與自我，情緒因而受潛意識左右。

一旦開始拒絕潛意識的觀點，就有可能考慮其他觀點，瞬間打破循環，或至少有所改變。這個改變讓人以更理智且穩定的思考方式，看待原本一想到就會勾起負面情緒的事情，避免我們落入前面提到的惡性循環中。

只要思考其他的可能性，就可以平衡情緒與想法，減少陷入負面回饋循環的悲傷與絕望感受。如此一來，就能投入有益身心健康的行為與活動，遠離內心的黑暗想法，變得更好、更強大。

即便每天都處在負面思考中，卻只有少數人能主動意識到這件事。ＣＢＴ療法讓人發現自己思考中的謬誤，藉以改變行為，達成改善生活的目標。你或許認為自己需要心理治療師、有無窮耐心的朋友才能執行CBT治療，但思想日記（thought diaries）與紀錄表也有同樣的功能。

思想日記的概念源於希望從行動與情緒察覺自己的核心信念，揭露行動、想法與感受三者間的關係。思想日記其實就是認知行為治療的過程。諮商人員如何幫助個案觸及心理問題的根源，過程和思想日記非常接近。

思想日記的標準紀錄包括：敘述觸發事件或想法、該事件或想法引發的自我訊息，以及導致哪一種情緒。完整檢視以上資訊能使核心信念浮現，接著予以挑戰。記住，目標在於分隔出反射性的想法，加以分析，並用較健康的想法取代。

思想日記的步驟可以用簡單的A—B—C口訣[3]表示，但以目的看來，真正的順序其實是A—C—B：

A促發事件（activating events）——是情緒改變的原因。可以是實際發生的外在事件，也可以是內在經歷的事件，包括想法、回憶或是心像，也就是激起內心波瀾的事物，像是：

- **聽到一首老歌而想起昔日的親朋好友**
- **在路上巧遇老朋友**
- **被上司批評**

3 相當於心理學的情緒A—B—C理論，各字母代表的詞彙與意涵也相同，只是A—B—C理論也重視後續的駁斥（disputing）、效果（effect）與新的感覺（new feeling）。

• 高中時受到特定同學霸凌的回憶

C結果（consequences）——在這個步驟，要察覺事件引起的情緒與感受。先從最基本的情緒開始，包括難過、高興、憤怒與恐懼，再延伸到更細部的感受。可以用簡單的辭彙表達，如焦躁、不悅、噁心、驚慌、悲傷、困惑以及其他種種詞彙。若想要更明確描述感受到的情緒，可以針對感受到的情緒強度來評分，至於評分量表只要適合自己就可以了。或許你感受到百分之六十五的驚恐與百分之三十五的困惑。也可能噁心感得了十分，焦慮感則拿了五分。把最相近的情緒畫底線或圈起。

B信念（Beliefs）——信念是行動的原點，你如何把促發事件跟結果連結在一起？又不自覺地告訴自己哪些觀點或故事導致了結果？犯了哪些邏輯或結論的錯誤，才導致目前負面的狀態？要探索信念，需要練習循序漸進地問自己問題，直到抵達最深處，也就是核心信念。可以問自己以下的問題：

- **「當下在想些什麼？」**
- **「這件事發生時腦中閃過什麼念頭？」**
- **「其中潛藏哪些問題？」**
- **「這一切有著什麼意義？」**
- **「這讓我對自己有哪些新的認識？」**

當然，做起來並不輕鬆，偶爾還需費盡工夫才能找到答案。然而，為了剝去自我對話的表象費盡心力，努力終會開花結果。不斷自我探索，終究會直面自己的核心信念，那時你就可以開始挑戰這些價值觀。

現在來看一下這個例子，有關一件看似無傷大雅的促發事件，以及如何用A－B－C口訣分析。故事或許有些簡單，但你會發現其實非常貼近現實生活的情境。

史帝夫正跟新朋友艾蜜莉在酒吧聊天。兩人聊得非常開心，直到史帝夫的朋友傑克走過來，拉開椅子直接坐下，接著開始講話，渾然不覺自己打斷史帝夫與艾蜜莉的對話。史帝夫非常生氣。而你不會想見到他生氣的樣子。

在這個例子中，對史帝夫來說，促發事件是傑克打斷自己跟別人聊天。答案非常簡單。

結果會是什麼——也就是這件事引發什麼情緒？首先，史帝夫嚇了一大跳。這大概是感受最強烈的情緒。從一到十分，史帝夫會為這股情緒打個八分。他也覺得憤怒和沮喪，但都沒有驚慌來得強烈，大概給個四分。同時也感到頭的前面有些沉重，並把它歸類為困惑的情緒，但他自己也不是很確定為什麼會這麼覺得，所以給個三分。

現在，史帝夫該找出為什麼這件事讓自己驚慌失措。究竟這個行為跟結果的情緒感受有什麼關聯？難道自己討厭傑克嗎？不，完全沒這一回事，史帝夫否定這個想法。傑克人還不錯，只是有時容易興奮過頭。

所以，史帝夫問自己當時腦中在想些什麼。他跟艾蜜莉聊得非常開心，覺得彼此談到相同興趣時都很主動且充滿熱情。接著，傑克打斷兩人的談話。史帝夫感到驚慌失措。

為什麼呢？原因就是傑克打斷了話題，且沒有意識到自己打斷了話題。這讓史帝夫非常沮喪。

這又代表什麼呢？原來，史帝夫認為傑克並不在乎自己的尊嚴與人格，也認為傑克不覺得把他的意志強加在史帝夫身上有什麼不妥。

為什麼史帝夫會這樣想呢？因為史帝夫覺得自己不夠堅定。

再進一步追問，為什麼史帝夫會有這個想法？因為史帝夫覺得自己過於退縮，不敢為自己發聲。

所以這到底意謂著什麼？其實是史帝夫心裡覺得自己不配他人尊重，而傑克打斷自己的談話，再次證實了這件事。

這也就是史帝夫的核心信念：幾乎不在乎自己，讓別人利用自己退讓的天性，在社交互動中任人為所欲為，忽視自己真正想要的事物。因此，他不覺得自己值得他人的尊重。要從分析單一被他人打斷的反應得到這個結論並不容易，但這麼做才能讓人明白與改變自己的核心信念。

短時間內，挑戰自己的信念確實會消耗更多情緒與心智能量，但最終能減少某些思考模式帶來的傷害，不讓大腦陷入疲倦循環。

◇真實存在的能量吸血鬼

對自己抱持負面想法、信念與感受，並非唯一需要留意的情緒能量吸血鬼。還有更符合實質意義的「吸血鬼」——那些努力榨乾你的能量、樂觀與幸福感，損害你情緒與心理健康的人。這不代表世界上真的有一群壞到骨子裡的人，必須要為大家跟他們相處時產生的負面情緒負起所有責任。畢竟每個人都曾有負面、不理性而難以相處的時候。

學會覺察、避免或處理他人內在的負面情緒，目標著重在照顧好自己，保存並維持自己的能量。有點像跟在咳嗽、打噴嚏的人保持距離；或是確保自己不會淪為他人過完糟透的一天後，壞心情與情緒爆發的靶子。

只要花點時間或能量在個人成長上，終究會遇到一個問題，那就是有些人無法共享你對個人成長與改變的熱情。該如何跟這類人相處？如果你正在對抗心理疾病，試著讓自己變成更好的人，或是單純嘗試獲得更多喜悅、創意及生命意義，這時卻遇到那些放縱自己保持悲觀、愛批評和非常糟糕的人，很可能會感到困惑而不知所措。

人是社會性的動物，即便自認是獨立個體，情緒與看待自我的方式仍深受他人的情緒、態度與話語影響。或許你竭力建立健康的自尊，也在這個目標上取得很大的進步，但一個粗魯又好批評的人光是說句：「哦，你要穿這東西出門喔？」就能摧毀你的自信。大部分的個人成長都聚焦在對自己的想法、感受與信念採取某些行動，但學會如何與他人的負面想法或行為相處，同樣非常重要。

某些人的個人特質會企圖打擊他人。減少你每次與他互動與每句對話的能量，第一步就是要學會辨認出這些特質。留意那些總是不停抱怨或哀號的人，從來不說任何一點有關自己或他人的好話，而且常看起來像某些人或情境的受害者。這類人往往悲觀、預測最壞的結果，總是從最悲觀的角度看事情，包括不斷地對周遭事物感到受辱或失望。

這種人能在幾乎所有的事情中很快地找到錯誤，但很少思考自己有沒有責任，因為他們根本不曾這麼想過。每個人都有自己處不來的對象，這點十分正常；但一個真正的能量吸血鬼不只跟你單獨相處時有負面模式，而是跟每個人相處都是如此。這類人缺乏喜悅、難以取悅、愛好批評或是戲劇化，非常熟悉憤怒與不滿的情緒，不曾讓人看過他們表達愛與感謝。就算真的有好事發生在這類人身上，他們也能找出其中的缺點，並堅持著那一點，確定周圍每個人都知道自己多不快樂。

跟這種人相處時，簡單來說，你會覺得自己完全枯竭了。或許他們會經常操控、批評你，誣陷你是壞人，或把每個原本愉快的想法與念頭當成最糟的狀況。這令人疲憊不已。他們可能無時無刻都在爭執，隱諱地侮辱、貶低你，或整體相處上令人感到沮喪。

跟這類人互動的麻煩之處在於，時間一久自己也會感染到負面的態度。每當你覺得振奮時，他們的負面情緒似乎就慢慢占了上風，接著你發現自己也開始抱怨。或許原本你正為某件事情感到高興，直到跟這類人分享為止……你開始採取與他們相同的思考模式，深信每件事都很悲慘，而自己無能為力。這類人經常聚焦在問題上，只想採取無濟於事的抱怨或責怪他人，而不是動腦思考或選擇解決方法。

負面思考會變成自我應驗的預言，所以跟這類人相處要特別小心謹慎。過度專注於負面事物可能導致人生無法有所成就，只是不停製造更多消極氛圍給周遭的人。你或許身陷其中，最後成為負面態度的一部分。

要從某些人身上看出負面思考十分容易；但換成另一群人卻又非常困難。你是否認識符合以下敘述的人：告訴周遭所有人生活如何苛待自己、自己永遠是受害者、千錯萬錯都是別人的錯。這類人善於扭曲事實，甚至讓周圍的人際網絡都抱有同樣的負面觀點。必須小心那些看起來總是身陷某種危機、想要把你拖進爭執裡，或把你當成是他們人生劇本中演員的人。

不承認自己的錯誤、無法感恩擁有的事物與不尋找解決問題方法的人，是無法成長的。不論你是在情緒上、精神上或經濟上追求自我成長，只要身邊有負面思考的人，就會遭到阻礙。既然花費時間與心力累積自己的情緒健康與能量，就別讓他人奪走。

所以該怎麼面對這類型的人呢？尤其是一起工作的同事或是家庭成員？第一件事是清楚明白自己的界線。採取與能量吸血鬼完全不同的行為，保持樂觀的心態，預先準備好保護自己，沒有人能強迫你做什麼，也不需要將自己暴露在他人的負面想法或行為之下。

要意識到自己的界線。我們當然能包容他人有點負面思考，否則就無法幫助真正有需要的人。但要問問自己的包容程度到哪，建立不會受他人侵犯的界限。可以選擇離開現場，或禮貌轉換話題。如果對話只會吸乾你所有的正能量，避開就對了。察覺其他人的負面思考正在侵蝕自己平靜的心靈，冷靜但堅定地改變情況或使自己抽離。想刻意離開他人的悲慘劇本或許有些困難甚至尷尬，但你值得跟支持自己與願意成人之美的人相處。

當然，這也是說起來容易做起來難。若只是工作上不常遇到的同事或生命中的過客，要遠離他們的負面思考自然十分容易。但要是對方是自己的另一半、孩子或多年好友呢？若自己在乎的人正在受苦、十分沮喪，要劃下界限就非常困難。那時又能怎麼做呢？

首先，要明白我們都希望這個世界沒有如此冷酷，但確實每個人都要為自己的情緒健康負起全責，而且沒有人可以代替他人感到快樂。理解同情與關懷可以長久，但要是對方不願接受，會導致自己因急著想替對方解決問題而受到傷害。謹守自己的界限，同時出於關懷行動，雖然非常難以拿捏，但確實是可以做到的。

以不讓自己耗盡能量或耗費任何自己的資源為前提，不要吝於關懷他人，包括給予有需要的人擁抱、稱讚對方或是分享一段美好回憶。要幫助困在負面思考中的人，最好的方式就是展現樂觀的精神，就算對方正對他自己或是你而感到沮喪，仍要散發光芒，微笑面對。也許當下對方沒有任何表現，但你的熱情與樂觀態度可能造成他們內心的改變，甚至激勵他們。就算對方刻意跟你過不去，仍要試著展現無條件的尊重。若要讚美或肯定對方，描述根本的特質，也就是無論如何肯定他們身為人的價值。讓對方覺得自己受到他人的歡迎與感謝，謹守自己的界限之餘，也讓對方深刻體會到你所付出的愛與關懷，鼓勵他們獲得幸福。

可以給予對方建議或忠告，但要是對方不接受，不要往自己心裡去。只要聆聽就好。試著不要討論他們負面看待的事情細節，反過來成為支持他們的正面力量，不要助長他們的負面思考。最後，準備好在必要時刻堅守自己的界限。富有同情心與理解所愛之人，固然為生命增添許多意義，但如果因此犧牲了自己好不容易得來的平靜心靈，就不值得；況且不論何種狀況下，跟對方一樣陷入負面狀態並沒有辦法給予任何的幫助。

留意自己的情緒狀態。警惕自己不要受到誘惑，把對方的問題當成自身問題，或覺得要為對方負責。擁有同理心但不需要抱有罪惡感，支持且願意聆聽對方，但不要將你的幫助誤認為自己捲入了對方的人生劇情中。尊重每個人都有各自的生命旅途，接受就算付出再多關心，仍有人選擇不快樂的道路。不要批評，也不要試著拯救對方，只要陪伴在對方身邊，展現同情就好。之後，繼續過好自己的人生，畢竟我們只能掌控自己的態度。

即便他人散發負面能量，隨著你愈來愈擅長維持自己的心理健康，自然而然會靠向與自己相近並懷有相似理想的人。累積正能量，會發現自己被擁有相同態度的人吸引，同時也吸引著對方！尋找能讓你充滿能量，感到比之前更愉快、更受鼓舞的人，這些人能理解、支持與鼓勵你。找到他們並建立深厚的情誼。他們不但不會讓你疲憊，還能與你分享生命中的快樂與成功。

不論身在家庭、工作場所還是更寬闊的範圍，一群志同道合、互相支持的人可以分享彼此的正面能量，一同創造美好事物。提升他人、讚美周遭的人並給予支持，如此就會吸引有同樣作為的人。對自己與他人心懷感恩，負責任且事先做好準備。如同生理能量，情緒能量也能自行累積，在生活中累積愈多情緒能量，愈容易創造更多。這正是為什麼與會吸取情緒能量的人打交道時，要照顧好自己的心理健康，同時也要和能帶給自己能量的對象培養關係。

若對方懷著有害的想法，拒絕他人幫助，有時必須狠下心來遠離這些人。帶著仁慈與同情離開他們，但不需要懷有罪惡感。要是做好了自我成長的準備，就會真的有所成長，而且發生就在眨眼之間。我們唯一能完全掌控的就是改變自己，只要專注在這件事上就好。

◇疲憊的心智

現在要來談談心智能量的吸血鬼。雖然到底屬於哪一類的能量吸血鬼並沒有很重要，但這個類別有時會跟情緒能量吸血鬼混淆，甚至是一體兩面。情緒能量有關我們如何看待自己與世界；心智能量則是關於大腦的負擔，以及如何從過度負擔的狀態回復。若身體健康、情緒穩定，但還是沒辦法條理清晰地思考，正是缺乏心智能量的徵兆。

或許你會感到驚訝，但人的大腦很容易就會疲憊。

前額葉皮質掌管人較高層次的思考，這個部位如同小腿後肌（calf muscle），會變得疲勞而在中途停止運作。大腦能分析的想法與所做的決策有限，思考愈多決定就愈疲憊。這個現象稱做「自我損耗」（ego depletion）。

自我損耗的現象顯示人的心智能量有限。一旦資源耗盡，心智活動就會表現不佳。首次發現自我損耗的現象，是在自我控制的相關實驗中。美國社會心理學家鮑梅斯特（Baumeister）等人的實驗結果顯示，抗拒巧克力誘惑的受試者表現較差，也更早放棄完成謎題的任務。也就是說，在實驗中，自我損耗徹底影響受試者的反應，他們為了抵抗巧克力的誘惑，展現了自制力，卻影響堅持完成謎題的意志力。

發生自我損耗現象時，自律能力與決策品質就會快速下降。不過，要是你覺得最近好像讀過一些文章，指出近年來學界開始質疑自我損耗這個概念，確實真有其事，不過相關議題的討論會留到本節的尾聲。

若你剛剛才知道，連做決定這類小事也會減少心智能量，一定會有些驚訝，但接下來你就會覺得十分合理了。大腦需要能量才能行動與思考。實際上，大腦只占人體質量的百分之二，卻消耗了人體能量的百分之二十。每個有意識的想法、決定與任務都需要一定的能量來啟動。

大腦爭論是否要吃巧克力的過程十分冗長且折騰，如實驗結果顯示，這番過程足以消磨後續自我控制的能力。拒絕吃巧克力一到兩次並不困難，但要是整天一再遇到這個誘惑，自我控制能力極可能被消磨，最後幾乎沒辦法拒絕了，畢竟大腦已經絞盡腦汁。

另外，觀察大腦分別處於飽足狀態與飢餓狀態下，自制能力的使用狀況有何不同，也能證實自我損耗現象的存在。

實驗證實使用自我控制能力時，會消耗腦部的主要能量來源——葡萄糖，攝取營養與葡萄糖則能逆轉自我損耗，激發自律與自我控制能力。自我控制消耗大腦儲存的能量，運作時會讓其他功能的效率顯著下滑。

心智能量非常容易耗盡，所以關鍵在於如何守護腦部能量的儲存庫，才能在需要時派上用場。到底該如何讓自己精力充沛，又能時常充電呢？

首先，將能量視為充電緩慢的電池，再來想想這個問題：要是你已經知道接下來要用手機看三小時的影片，會如何保持電量呢？做決定、產生動機以及自我控制都從前額葉皮質汲取能量，故這三項行為需要謹慎以待。

你應該試著從動機、決定與自律角度切入，思考在日常生活中，哪些是瑣碎的小事，接著加以移除或避免那些小事。

但要怎麼知道哪些事情是瑣碎的小事呢？若一件事真的不重要，代表就算沒有它也不會有任何影響，或是產生的影響也不會超過數分鐘。對多數人而言，這個步驟十分困難，畢竟我們原本就習慣全心全力專注在一件事情上，才能確保表現良好。換個角度來說，為了你的前額葉著想，只需要擺脫那些不需要高度關注的事就好。每省下百分之一的能量，就能對後續任務造成極大的不同。

不論是多麼微小的決定，仍會耗去部分的心理效能，所以要嘗試按比例分配，才能盡可能儲存心智能量，在需要的時候有所供應。若一件事情對人生毫無幫助，就應該盡快擺脫。

這麼做的主要目標是減少每天需要做的決定。與其花時間做決定，不妨讓過程自動化，也就是只做一次選擇，之後為了方便與一致便固定下來。從另一個角度來看，這樣其實是在為自己制定規則以消除選項，像是中午吃同道料理、固定穿同套衣服、同個音樂撥放清單，以及做事情的同套方法。

據說，這就是蘋果公司創辦人賈伯斯（Steve Jobs）固定穿黑色高領毛衣、舒適的牛仔褲與球鞋的原因。如此一來，就能避免做額外的決定，把腦力省下來處理真正重要的事。日復一日，這個方法可以轉換成能量，供人使用在最大限度的自律與動機上。

心智能量可以充電回復，但也容易損耗。所以要進入戰鬥狀態，把大腦當作你需要達到最大能量的肌肉來對待。

前面提過，近年來學界開始質疑自我損耗是否真的能以科學實證。部分研究者以鮑梅斯特（Baumeister）的研究為基礎，得到的結果卻無法定論。其他研究則指出，只有在測試前受試者就已經知道自我損耗理論的狀況下，實驗結果才會呈現出自我損耗的現象；也就是自我損耗反倒提供受試者最簡單的藉口，因為「精疲力盡」而放棄任務。

雖然科學尚未完全證實自我損耗，仍可以做出以下可信的論點：一天要有意識地做出十個決定，絕對比一天只要考慮兩個任務讓人心神疲憊。需要思考的事情愈多，能擠出的能量就愈少。有關減輕前額葉皮質負擔的論點也沒有太多差異，只是用語稍有不同，從自我損耗改為整體能量損耗。

基於剛學到的大腦相關知識以及快速疲倦的傾向，可以說大腦就跟人體其他部位一樣，都需要生理上的照顧。我們已經知道大腦若缺乏營養與充足睡眠，就無法正常運作，能量也會完全耗盡。

在滿足各種基本需求後，接著來談談壓力，它是影響大腦健康的重大因素，破壞力也最強。

若各位想要明確與實際的例子，說明壓力會如何影響大腦，不需要費盡心思尋找，只需要觀察退伍軍人或任何患有創傷後壓力症候群（post-traumatic stress disorder，簡稱PTSD）的受害者，他們的人生受到了哪些負面的影響。這些人緊張兮兮，缺乏日常生活的能力，可能隨時因焦慮與恐懼而崩潰。他們所有的能量都浪費在大腦的警戒系統上，頻繁耗盡能量也讓他們無法思考當下以外的其他事情。

多篇研究指出，壓力帶給大腦健康與心智能力極大的負面影響，大部分可歸因於人體對壓力的生理反應。先理解兩種主要的壓力類型分別為慢性壓力（chronic stress）與急性壓力（acute stress），對接下來的主題將會有所幫助。

慢性壓力是指經歷較長時間的壓力，壓力源可能是常常陷入工作量過大的小問題，或是像處理感情這類比較棘手的問題。這類壓力源看似小而不起眼，直到檢視已經累積的壓力，才會明白自己處在崩潰邊緣，變得易怒，肩膀也覺得僵硬。處在慢性壓力之下（量因人而異，且與個人承受力有關），會激起人體的生理反應，稱作「反擊或是逃跑」反應（fight-or-flight response），這是人體感到壓力時的主要防衛機制。

幾千年以前，反擊或是逃跑反應非常有用，這時的「反擊」與「逃跑」兩個詞彙都如字面意思。要是人體感受到壓力，或因某些原因而恐懼，會陷入高度警戒的狀態，有必要的話已經準備好反擊，甚至拚命一搏，又或是盡快逃跑。不論是反擊還是逃跑，人體的賀爾蒙、心率與血壓都會升高，並釋放大量皮質醇（又稱作壓力賀爾蒙），進而引起警覺狀態。

所以，承受慢性壓力，相當於永遠保持在反擊或是逃跑模式，身體也釋放大量皮質醇，難以放鬆而進入所謂的恆定狀態（homeostasis）[4]。更糟糕的是，皮質醇會吸取能量，讓人疲憊不已。

慢性壓力讓人過度警覺，不斷激起人體生理反應。不論生理或心理，都非常疲勞，也會讓大腦縮小。研究顯示慢性壓力能讓海馬迴（hippocampus，人腦中負責記憶編碼與儲存的部位）體積萎縮百分之十四，十分驚人。人在壓力很大時，更容易情緒爆發，陷入不健康的思考方式，甚至消化不良、睡不好。

---

4 在生物學中，恆定狀態是指面對外部環境，生物體或系統本身倚賴各部位相互協調，以維持內部相對不變的狀況。像是胰島素調節血糖濃度就是為了維持恆定狀態。

波隆納大學教授帕司夸里（Pasquali）[5]於二〇〇六年發表了一篇研究，實驗中假定貓對老鼠來說是壓力來源，讓老鼠暴露在貓的威脅之下，結果發現這對老鼠的記憶力造成負面的影響。固定暴露在貓威脅下的老鼠，會找不到特定入口與出口的位置。

其實困難的地方在於，你可能沒有意識到自己正處在慢性壓力之下，畢竟這已是常態。就像是肩膀變得僵硬時，直到被人提醒，你才會意識到自己的狀態，也才能看出放鬆與緊繃的不同。

若經常處在崩潰邊緣，累積下來會造成被害妄想、無法專注、感到絕望，並覺得愈來愈沉重。想像自己藉著腎上腺素（adrenaline）打起精神，而且連續好幾天、好幾個禮拜，甚至好幾個月。這不只妨礙記憶與大腦運作，也讓人失去基本機能。

身體持續釋放過多皮質醇，會導致前額葉皮質與海馬迴失去神經元（neurons），也減少血清素（serotonin）這類神經傳導介質（neurotransmitter）的分泌，而血清素正是讓大腦感到愉快的物質。這就是PTSD患者所受的苦，且程度更加嚴重。

相對的，急性壓力並不會像慢性壓力一樣悄悄溜走。

假設路上有人超車，自己差點撞上去，或是捲入激烈的爭吵，當下會感受到腎上腺素狂飆，這就是急性壓力。急性壓力只有一瞬間、十分短暫，你能夠感受與注意到它。當它發生的時候，腎上腺素湧入血管，讓手掌心滿是汗水，手也不停發抖。身體試圖發出警告，並提供做出反應所需的力氣。強烈的急性壓力會導致頭

5 Renato Pasquali，一九四六年生於義大利波隆那，為內分泌學權威，二〇一九年逝世。也對哲學、歷史、藝術有著濃厚的興趣。

痛、肌肉緊繃、胃部不適，甚至嘔吐。

急性壓力若持續很長一段時間，就可能跨過門檻成為慢性壓力。

但分類其實沒那麼重要。承受任何一種壓力時，對大腦的能力與能量額度造成什麼樣的影響，才是重點。最常受激發的循環會改寫大腦，使大腦更有效率地指揮與該反應相關的資訊。若經常承受壓力，會不斷增強這些通道，最後甚至變成大腦預設的路徑，通往認知層次較低的反應控制中樞。於是，腦中較原始的部分反而更常主導一切，失去了清醒、具備邏輯與冷靜的大腦。

我們無法靠計畫躲避生活中的壓力情境，也無法消滅前面提過的吸取能量的人。能做的就是保護自己，但所付出的心力同樣無法萬無一失。對多數人而言，生活難以預測，也沒有充滿選擇。找到工具與壓力共存才是更好的做法，也就是接下來談到的部分。

◇保持冷靜

滿懷能量的心同時也會是平靜的。正念（mindfulness）[6]練習有助於放鬆大腦，讓心智保持理性，不會過度活躍，可以處於能量保存模式。

正念練習是刻意地全神貫注於當下，完全覺察自我、情緒以及想法。使心智免

6 正念源於佛教的宗教儀式，直到一九七〇年臨床心理學與精神醫學將其用於治療上。故現今正念多已不具有宗教意義。

於過度思考與失去控制，這兩種狀況正是心智能量耗盡的跡象。

產生想法的當下，相較沒有意識到發生什麼事的人，有所覺察的人更可能冷靜且有條有理的思考。

不論是懊悔過去，還是擔心可能根本不會發生的未來，都會消磨能量。處在這些狀態下，就容易鬆懈。並不是說如果你的注意力不集中，就會誇張到連放在嘴中的甜甜圈都沒有發現；而是你將無法判斷自己是用本能還是具邏輯的大腦思考。

從其他角度看來，對飽受壓力與疲倦的心靈來說，壓力這個因子將會是最大的敵人。不只大腦正在反抗自己，生活也是。大部分的人都承受著程度不一的壓力與焦慮，它們不一定會造成損失，但會使我們遠離當下，偏離情緒穩定的道路。

正念就是解決上述問題的有效方法，能讓人充電，同時遠離外在世界的壓力。

前面提過，正念原則上就是清空腦袋的練習。舉例來說，專注在自己的呼吸上是最常見的做法。當然，放下思慮與擔憂非常困難，因為我們的心裡總認為必須確保所有的想法都沒有被忽略。練習正念時，容易犯下兩個重大錯誤，一是專注在過去已無法改變的事件，另一個則是聚焦在現在發生的事實，並與自己的未來相提並論。一個早已過去，另一個尚未發生。都不是我們應該擔憂的事。

剛開始練習正念時可能會覺得沮喪，因為若承受太多壓力或負擔，會導致自己過於忙碌而無法停止思考。但無法停止思考只會讓情形更加惡化，全年無休不停地勞動，讓大腦與身體幾乎沒有時間充電回復。如同本書多次提到的，大腦處在壓力的狀態下，絕不可能滿懷能量。

放下對過去與未來的煩惱。一個已不存在，另一個可能不會發生，花時間思考這兩件事，無疑是毫無意義的。如你所猜想的，這麼做也浪費大量能量，畢竟我們根本沒辦法採取任何實際行動。練習正念時，嘗試徹底放下受制於此時此刻的想法與感受，以及任何可能讓自己分心的事，相信三十分鐘後它仍會在原處。最後一項訣竅則是在開始練習正念前，先把所有的想法列成清單，同時放心世界不會在正念的同時終結。

你只需要專注在正念時周圍環境正在發生的事。放下已經發生或之後可能發生的事情，以及當下所有的思考。唯一重要的是自己的呼吸、身體的感受、周遭環境的噪音、聲音、氣味以及景物。

雖然坐著是冥想最常見的姿勢，練習正念時也可以選擇跪著或站著。不論選擇何種姿勢，只要確定能讓自已接下來的三十分鐘感到舒適就好。要是身體覺得不舒服，就不可能放空心思。放鬆身體各個部位，內心則專注在不思考任何事情。這麼做就能釋放緊繃的狀態。

確定自己沒有彎腰駝背，空氣才容易進入肺部。從鼻子吸氣，確認呼吸深且緩慢，讓吸進來的空氣直接到達腹部，這是正念冥想的正確呼吸方式。

你的心思可能會分心在呼吸以外的事，但不用責罵自己，這是很正常的。發現分心時，原諒自己並忘掉這件事，繼續進行，專注在呼吸上。重新將注意力放在目標上，而非與自己的想法纏鬥。你會注意到焦慮如何奪去內心的平靜，使自己頻繁地陷入自我創造的心靈空間。這時，不要糾纏與揭露這些想法，相反的，觀察且放下它們，重新回到呼吸上。正念不一定要達到內心平靜的境界，而是把所有繁雜的思緒專注在一件事上。

有些人的心思較常有雜訊，對這些人來說，專注在身體的感受上對正念練習較有幫助。像有些人會把一杯水放在頭上，保持平衡，或是單純拿著，畢竟這些都需要非常專注。巧合的是，很多人覺得跑步或其他重複性的動作，有助於自己進入類似冥想的狀態，這也是同樣的道理。你也能活動身體每個部位，感受各部位當下的知覺。

開始練習正念吧！它幫助我們在每天面對外界壓力時仍可以休息並享受，也能刺激大腦，消除無法清晰思考或無法自我覺察的障礙。感受空氣如何流過嘴唇、鼻子與喉嚨，專注在吸氣與吐氣的聲音。

若你覺得聽來過於輕鬆，質疑正念是否有效，必會對大腦中心就是正念的來源而感到驚訝。大腦就像滾輪上奔跑的倉鼠，不停運作著，正念則可以讓大腦獲得稀有的暫時休息。身體也能稍微回復到恆定與放鬆狀態，更能用不同觀點看待自己的焦慮，瞭解到沒有人逼迫你承受這麼多事情，一切都是自己的選擇。

若你依然覺得聽起來太簡單，大可以放心，因為研究已經證實練習冥想有正面的功效。受試者自願參加為期八週的正念課程，分別在開始與結束前接受磁振造影（MRI scans）[7]。研究結果充分證實冥想的功效，能增強大腦負責執行與自律的部位，尤其是背外側前額葉（dorsolateral prefrontal cortex）[8]、前扣帶迴皮質

---

7 利用電磁波照射物體得出其內部結構，醫學上用於檢查心血管、胸腔、腹部以及腫瘤。若不能久躺、裝有心律調節器或有幽閉恐懼者，就不適用ＭＲＩ造影。

8 前額葉的一部分，主要負責與工作記憶（working memory）和決策（尤其是危機與道德方面）的相關功能。

（anterior cingulate cortex）[9]以及眼窩額葉皮質（orbitofrontal cortex）[10]，這些部位都跟邏輯思考有密切關係。

另外，結果也顯示冥想有助於縮小杏仁核（amygdala），這個部位在大腦邊緣系統，主要負責調節情緒，也是「反擊或是逃跑」本能反應的控制中樞。所有研究成果都指出練習正念的人較不易受恐懼、情緒衝動與壓力影響。情緒衝動與壓力常破壞心智能量，所以控制這兩項因素有助於為意志力創造良好的條件。

除此之外，ＭＲＩ影像顯示冥想過後，前額葉皮質的灰質（grey matter）[11]密度變得較高。且灰質增加的現象不只發生在前額葉皮質。前扣帶迴皮質是位在前半的大腦構造，冥想後灰質密度也增加了。這個部分與自律功能相關，例如監控注意力的衝突，給予更多認知彈性。換句話說，冥想能減少失去自我控制的感受與情緒，改善負責這些功能的大腦部位結構，增強人的自我控制能力。

如果還沒有將正念培養成日常習慣，不妨把它加進自己的充電儀式，取代每天看電視三十分鐘的習慣。雖然經常聽到有人說自己沒時間冥想，甚至可能把冥想當作不具生產力的浪費時間；其實一天只要花短短的幾分鐘，就能如自己所願，更有能力執行想做的事。也就是說，冥想增加的能量，足以彌補幾分鐘不做事帶來的損失。畢竟能量是需要補充的。

---

9 負責管理注意力分配與回饋學習。

10 掌管情節記憶的海馬迴就位在此部位。

11 人體中樞神經系統的重要成分，由神經元、神經膠質細胞及微血管組成，其中灰色是源自於神經元的細胞體和微血管。大腦皮質、小腦皮質、視丘、下視丘、腦幹以及脊髓都可以找到灰質，負責處理神經傳遞的訊息。

本章提要

- 即使照顧好生理面向，還是可能覺得自己軟爛如一攤泥，無法藉著自由意志行動，感覺缺乏支撐的力量。如同能量金字塔展示的，身體健康只是基本條件，並不是能量保證。相較於基本的生理能量，心智與情緒能量往往更有影響力，且在大部分情況下，與人唱反調。我們可能都聽過這樣的故事：一個人擁有近乎瘋狂的熱忱，連續工作二十個小時。但事實是我們只會因為情緒或心智能量枯竭，而陷入覺得自己沒用的負面狀態。
- 先談談情緒能量。它跟你如何看待自己、整個世界與自己在其中的定位有關，也涉及自信、安全感、焦慮與感受。如吸血鬼般奪去能量的人、自己的負面信念、認知扭曲，以及無法賦予能量的觀點，都會影響情緒能量。會發生這類事情，是因為花太多時間與能量在自己的內心世界上，沒有從外界汲取能量。但這又是為了什麼呢？就像認知扭曲所展現的，這些都不符合現實。

• 二分法思考、個人化、過度類化、災難化與妄下結論都是常見與危險的認知扭曲。另外，情緒化推理也特別常見，指的是憑藉當下感受的情緒決定現實，奪去了思考的彈性。與他人比較則並非心理學上的認知扭曲，卻同樣創造偏頗的現實與期望。人應該以自己的標準衡量自我，而非與他人的優勢相較。

- 要對付扭曲的信念與敘事觀點，必須採用認知行為療法。認知行為療法雖然會耗費大量能量，但結果是值得的。要達成這個目標，最佳方法是以A－B－C口訣為基礎的思想日記。過程包括分析情緒的促發事件或導火線，以及情緒反應本身，並透過找出背後的信念將兩者連繫在一起。
- 想保護與維持完整的情緒能量，就要避開特定種類的人。這些人不一定都很浮誇或負面，但必定把自己放在第一順位，讓其他人收拾爛攤子。我們所能做的就是過濾這些人，向世界傳遞正能量，同時降低對他人的期待。

- 心智能量與疲憊且不堪負荷的心靈有關，或許你會對我們的心靈很容易覺得疲憊而感到驚訝。但自我損耗的概念顯示，即便是做少少幾項決定或自我控制，都會消耗心智能量，讓我們無法進行分析與批判性思考。雖然我們不能避免思考生命中深刻的議題，但仍可以盡量簡化與優化流程，方法包括面對可能需要選擇的情境時，先準備好制式決定，盡力儲存心智能量。
- 心智能量的核心是壓力會如何影響大腦作用。透過每天或每週安排正念冥想的習慣，能抵抗壓力對大腦產生的影響。正念的基本理念是盡可能讓大腦抽離一切事物，移除心靈上的雜音。我們能意識到大幅消耗自己心智能量的元凶，卻不知道潛藏在背後，快速累積的慢性損耗。正念冥想練習除了讓人冷靜下來外，也能讓情緒變得更穩定。

4

CHAPTER

關鍵就在細胞裡

目前為止，有關能量這個主題，前面的章節已經從宏觀與微觀的多個層面加以討論。擁有多少能量取決於各層面是否都運作良好，包括行為、情緒以及生理。人體擁有多個系統，系統間互相關聯。記住，談到能量或相關的系統時，不能發生「乘以零」的狀況。

不過，在生理層面上還有更多細節能深入探討。想用生理方式增加能量，並非只有睡眠與營養充足這麼簡單；但進入主題前，還是要從前題說起。

人體是複雜的有機體，完全由能量組成，十分倚賴能量流動。第二章已經提到健康飲食扮演的角色，以及胰島素對血糖的影響。本章則要瞭解背後的細節，究竟人體是如何從吃進去的食物產生能量。表面上，在工作時的表現或是對目標與夢想的熱情，看似都跟生理沒什麼關聯。但仔細一想，一切其實都依賴基本的化學與生理過程，包括每個動作、選擇、情緒與身體器官。

身體由多種不同的細胞集合而成，這是無法否定的事實。所以，想要讓能量發揮更多益處，必須瞭解人體的細胞，這點在理論上是站得住腳的。

本章目的在於介紹人體生產能量過程背後的細胞機制，尤其是粒線體（mitochondria）。在產生能量以提供生存與成長的過程中，粒線體扮演何種角色？雖然不瞭解這些知識，還是可以透過一覺好眠與攝取適當營養素等各種方法，維持身體健康與最佳狀態，但要是能更進一步瞭解人體新陳代謝的科學知識，運用在提升健康與能量額度上，將更有幫助。就某些觀點看來，到頭來一切都在粒線體中。現在，就進一步來檢視粒線體是如何運作的，以及我們可以給予粒線體何種支持。

◇細胞發電廠

國、高中時，你或許學過粒線體相當於細胞的發電廠。人體每個細胞都有粒線體這種小小的胞器（organelles）[1]。簡單來說，粒線體負責將食物轉換為能量的實際過程，讓能量驅動身體各個部位。就在你坐著讀這一段文字時，粒線體正努力生產能量，驅動每條肌肉的動作、消化系統、皮膚溫度，還有因大腦中活躍的電化學反應而生的想法。粒線體本身不是能量生產過程中最重要的角色，它產生的物質——ATP，才是最重要的。

ATP全名三磷酸腺苷，僅有分子大小，科學家把ATP視為人體的能量貨幣。人體由分子（molecule）組成，分子又由原子組成，而從食物獲得的能量就儲存在原子間的鍵結（bond）。粒線體內部的鍵結斷裂時，釋放出能量，接著能量被捕獲並儲存供人體使用，這種能量就是ATP。ATP是身體儲存能量供日後使用的方法。像是心臟、肌肉與大腦這些需要消耗大量能量的部位，就充滿粒線體和ATP。

原理非常簡單，沒有ATP，就沒有能量（也就沒有生命！）；而沒有粒線體，就沒有ATP。若你非常關心自己的健康，想要增加能量額度，在做任何事前，必須先確定身體的粒線體健康狀況。

導致粒線體機能障礙的原因中，老化是關鍵因素，而且影響重大。就本章目標而

1 相當於細胞的器官，細胞核、葉綠體、粒線體都是胞器。

言，討論其中的關聯過於複雜；不過倒是有幾個理論解釋為什麼粒線體這顆小小的細胞電池，會隨時間逐漸喪失功能。有個理論主張有氧呼吸（aerobic respiration）本質上會讓細胞受損，原因在於有氧呼吸又稱作氧化磷酸化（oxidative phosphorylation），發生在粒線體細胞膜內時會釋放有害的自由基（free radical）[2]。另一個理論觀點則和其他有關老化的常見理論一致，認為細胞不斷分裂，細胞的突變也隨時間不斷累積，最後影響粒線體功能。NAD+[3]是粒線體機制中必要的輔酶（coenzyme），部分動物實驗指出其有助於減緩老化作用，但更多相關研究結果仍未明確。

不論是生來擁有的粒線體數量，還是身體自然生產的ATP數量，都不是我們所能改變的；不過，在每天的生活中還是有很多方法可以努力，做出有益這些要素的選擇。學習如何讓粒線體功能達到最大值，將提升我們的認知與專注力，肌肉也會變得更強韌，修復時間變短，減緩老化速度，還有大量的能量供生活所需。

隨年齡增長，粒線體也會老化並凋亡，但凋亡本身並非問題。粒線體生合成（mitochondrial biogenesis）或新粒線體細胞的誕生，通常會取代凋亡的粒線體細胞，但這個過程也會隨年齡增長而變緩慢。這表示粒線體生合成是我們可以投注心力的方向。不過，要如何知道自己的粒線體健不健康？如果用顯微鏡觀察粒線體惡化的現象，會看到凋零的粒線體逐漸增加，生成更緩慢，ATP產量也減少。如果從人的外表看來，則是身體老化與慢性病。

---

2 自由基本身是帶電的粒子，也存在於自然界。人體呼吸作用產生自由基，會損害細胞造成老化，甚至導致自我免疫疾病、白內障等。

3 為輔酶NAD（又稱輔酶I）離子態，是人體分解與合成糖分、呼吸作用的關鍵要素。

多數人都認為感到疲倦是老化的自然現象，小孩總是精力無窮，到處奔跑，成人就沒有辦法這樣。但事實不一定如此！疲勞不是老化的正常現象，而是細胞功能受損的跡象，年紀增長不代表一定會失去能量。其實，很多心理與生理疾病之所以讓人極度疲倦，共同特徵都是粒線體受損。纖維肌痛症（fibromyalgia）[4]、慢性疲勞症候群（chronic fatigue syndrome）[5]，甚至黴菌毒素導致的慢性發炎反應都是實例。若與患有這些疾病的人談到自身的症狀，對方會表示覺得好像有人拔掉自己的插頭，或總是處於低電量的狀態，若從細胞的角度看來，這確實是正在發生的事情。

粒線體機能障礙本身可能是個問題，但它也存在於很多慢性病中，包括癌症、自我免疫疾病（autoimmune diseases）[6]、阿茲海默症（Alzheimer's disease）[7]，甚至部分專業人士指出自閉症（autism）[8]也有粒線體機能障礙。很多病程（disease processes）都牽涉到粒線體。乍看之下，關注粒線體的生物知識與能量沒有太大關係，但瞭解愈多內容，就愈明白粒線體的機能健全相當於整體的健康及能量。

所以，該做些什麼，才能準確提供粒線體所需的足夠資源，以獲得自己所想要

---

4 常見症狀為全身疼痛、疲倦、沮喪與焦慮、睡眠問題、偏頭痛。患者對疼痛較為敏感，思考、記憶與集中力也會有問題。

5 又名肌痛性腦脊髓炎（myalgic encephalomyelitis），症狀為較不容易完成平日執行的事情、睡眠干擾、姿勢性難耐（orthostatic intolerance）與認知障礙等。具體的病因與疾病機制仍不明。

6 泛指人體免疫系統異常而攻擊正常細胞的狀況，原因通常不明，常見症狀包括疲勞、發低燒、肌肉痠痛、關節痛、皮膚出疹。全身紅斑性狼瘡便是一種自我免疫疾病。

7 俗稱老年癡呆，為慢性神經退化疾病，初期症狀為喪失短期記憶，隨時間演進症狀加重，包括語言障礙、易迷路、情緒不穩、喪失動機、無法自理等行為問題。

8 心理學上將自閉症視作連續光譜，為腦部發展障礙所致，常見症狀為社會互動或溝通障礙、重複性行為、抗拒改變或興趣狹隘。

的能量？事實證明，供給細胞獲得最大能量的方式非常簡單，你或許已經做對了。首先，檢視自己的飲食，可能你已經猜到，對粒線體而言，精緻澱粉與過多糖分相當於毒物。要是吃下高碳水化合物，卻沒有馬上消耗這些能量，只會讓情況變得更糟。高碳水化合物的飲食不僅嚴重損害能量，讓血糖濃度如雲霄飛車般來回波動，還會產生自由基，對細胞造成永久傷害，甚至增加罹患第二型糖尿病的慢性風險。義大利科學家做了個實驗，在老鼠的飲食計畫中，加入百分之三十五的糖，結果發現短短八週內，老鼠肝臟部位的粒線體已嚴重受損。不只如此，老鼠的身體修復能力以及粒線體生合成能力，也因高糖量飲食而嚴重減緩。

所以，第一步就是減少或戒掉含糖飲料、甜點、白麵包、蛋糕及其他精緻澱粉，但不需要完全不吃碳水化合物，也沒有必要採取生酮飲食。不過，人體處在酮症狀態時會產生酮，在某些案例中，酮（ketones）可以清除體內的自由基，減少氧化作用（oxidative）帶來的損害，有助於粒線體生合成能力。以往認為自由基的損害非常關鍵，但現在的研究仍無法百分之百證實這點，所以再次重申，沒必要完全不吃碳水化合物，尤其這麼做也減少了珍貴的纖維、礦物質與維他命的攝取。

選擇適量的好蛋白質來源與健康的脂肪來源，像是酪梨、橄欖油、堅果與種子。少吃高含糖的水果，多吃像葉菜類的彩色與高纖維蔬菜。這些食物包括名為多酚（polyphenol）[9]的植化素，有助於減少身體的氧化壓力。至於水果，多吃藍莓、櫻桃、黑莓與李子，水果的鮮豔顏色代表它們擁有豐富的多酚。

最後，確保自己沒有吃太多。飲食過量就像在體內傾倒大量能量，影響胰島素

9 具有強抗氧化作用，常見多酚化合物包括兒茶素、花青素與薑黃素等，故綠茶、葡萄與藍莓等食物富含多酚。

濃度，也損害粒線體的功能，因為粒線體產生能量的速度沒有那麼快，而過剩的能量會轉換為脂肪儲存，更容易生成自由基，對身體造成損害。你可能會猜到，已有研究證實，限制熱量攝取有益於粒線體，能減少自由基，改善粒線體工作效率。也可以嘗試間歇性斷食或一六八斷食，在二十四小時內只有八小時可以進食。另外，留意自己攝取多少熱量，避免暴飲暴食，這樣你就會走在正確的道路上。

另一個支援粒線體功能的方法是保健食品。不過，在踏出購買保健食品的第一步前，要記住很多市面推薦的保健食品，其實缺乏同行評審背書。儘管如此，你可能會發現保健食品對於全面提升能量，確實是有所幫助的方法。

多酚能增強人體自身抵抗氧化壓力與自由基損害的能力，飲食中已有的蔬菜和水果就含有多酚。吡咯並喹啉醌（pyrroloquinoline quinone，簡稱ＰＱＱ）也含有多酚，是熱門且有效的補給品。天然食物中並沒有大量吡咯並喹啉醌，但可以在黑巧克力中找到（這真是令人雀躍的資訊）。同時，目前研究也試圖證明甘油磷脂（glycerophospholipids，簡稱GPLs）有益於粒線體健康。甘油磷脂是包含脂肪的化合物，對建構細胞內胞器的細胞膜十分重要。而粒線體構造本身是密集摺疊的內膜，以增加表面積，因此甘油磷脂自然對其有益。

這些補給品仍在進行臨床實驗，所以不少人選用其他保健食品，像是輔酶Q10、輔酶NADH和離子態的NAD+、左旋肉鹼（L-carnitine）[10]以及α-酮戊

---

10 肉鹼（carnitine）參與哺乳類、植物與部分細菌的新陳代謝，將脂肪酸輸送到粒線體以產生能量，也負責將新陳代謝的產物輸送至其他部位。肉鹼多集中在骨骼肌與心肌，這兩個部位皆以脂肪酸為能量來源。依結構不同，分為L-肉鹼（即左旋肉鹼）與D-肉鹼，而動物體內左旋肉鹼具有活性。食物中，肉鹼主要來源包括紅肉與動物產品；然而，科學家發現素食者並不會缺乏肉鹼，故身體健康的狀況下，就有足夠肉鹼來產生能量。

二酸（alpha-ketoglutaric acid）[11]。科學上尚未完全證實這些保健食品有效，坊間則有很多證據指出有助於消除疲勞與提升整體能量，只是程度不一。

儘管或許會顯得矛盾，第三個促進粒線體健康與能量的方法是運動。若你正在對抗疲勞，卻又希望透過努力運動獲得更多能量，看似有些勉強。但研究結果明確指出運動對粒線體大有益處。運動能振奮情緒、減輕體重、改善心血管健康與彈性，並提升能量，而且年紀愈大效果愈明顯。

任何一種運動都有益健康，不過多個研究指出高強度間歇訓練（high-intensity interval training，簡稱ＨＩＩＴ）[12]對身體特別有幫助。期刊《細胞代謝》（*Cell Metabolism*）於二〇一七年刊載一篇研究，指出ＨＩＩＴ讓粒線體結構更加穩健，粒線體的效率增加近百分之五十的幅度，而且研究對象年紀愈高，效率增加愈多。

從以上敘述可以得出合理的結論，粒線體功能跟肌肉一樣，若是想要增加肌肉，就不會放任它萎縮，而是面對挑戰，刺激肌肉成長與強健。

耐力與有氧運動也有助於粒線體生合成。例如慢跑、健走與騎腳踏車。重量訓練則極度倚賴粒線體功能，反過來卻也能增強粒線體，同時研究也證實重訓提升了整體粒線體健康。特別是高強度間歇訓練已被證明能改善有氧呼吸功能，增進肌肉張力，提升心血管健康。

最後，除了改變飲食與生活方式，也要積極保護自己的粒線體，免於環境毒素威脅，因為環境毒素會加快粒線體凋零過程。這方面的研究相對較新，但香菸、重

11 參與有氧呼吸、生成胺基酸與負責輸送氮氣。
12 結合高強度訓練與間歇訓練，短時間進行高耗能運動加上短暫休息，降低體脂率。

金屬與污染等環境毒素確實可能破壞粒線體功能，有礙它完成生產能量的任務。雖然目前研究結果較少，但抽菸與住在空氣污染嚴重的城市都對健康有害。

就算不抽菸，也要遠離癮君子，畢竟二手菸仍會危害人體。科學證據也指出重金屬會干擾人體的酵素（enzyme）[13]，尤其是參與氧化磷酸化反應（oxidative phosphorylation）的酵素，該反應發生在粒線體的細胞膜內。而井水與部分農作物的殺蟲劑就含有重金屬。

可以考慮加裝濾水器來保護自己，並吃有機蔬果，尤其小心那些最容易殘留農藥，或是種植過程大量施灑殺蟲劑的作物。草莓、菠菜、甜桃（nectarine）、蘋果、葡萄、桃子（peach）、梨子、番茄、芹菜、馬鈴薯、櫻桃以及甜椒（sweet bell pepper）都容易殘留農藥。吃足夠的蔬果比吃有機來得重要，但若負擔得起，可以從以上十二種作物開始，再拓及有外皮或生長季節短暫的有機蔬果。

總而言之，維持粒線體健康的建議與活得健康的建議，其實沒有太大差異，而這並不令人驚訝。過著健康的生活，多吃新鮮的蔬果，它們含有豐富抗氧化劑（**antioxidants**）。多喝水、好好睡上一覺、常運動、避免過度飲食、抽菸及酗酒。不要讓自己暴露在已知的環境毒素中，若想讓提升能量的計畫更完整，可以加入重要的保健食品，給予身體所需營養。

---

13 成分為蛋白質，能催化生物體內的化學反應。與輔酶雖同樣能催化化學反應，但輔酶成分為有機的非蛋白質。

◇熱療與冷療法

對勇於嘗試的人，這邊介紹幾個有趣的方法，可以增加粒線體產生的能量，也能讓人開始感到振奮。儘管部分人覺得冷療（cold therapy）聽來並不有趣，但實驗證實冷療對生理與心理健康有很大的幫助。在生物駭客（biohacking）[14]的社群中，冷療備受歡迎，讓粒線體生合成更上一層樓。

想要進行冷療，不需要大老遠跑到西伯利亞（Siberia）裸泳。可以先從小地方開始，像是洗完澡後，快速沖下冷水，溫度在自己可以接受的範圍內愈低愈好，短短三十到九十秒的時間就能有功效。要是有儲水容器，短暫浸泡在寒冷的水中，能大幅增進粒線體健康。主要原因有兩個方面：一、冷療對粒線體施以壓力，功效如同運動；二、細胞感到寒冷時，會聚集在一塊，距離靠得愈近，粒線體工作速度更快且更有效率。細胞若聚集在一起，能量傳遞的距離就會變得更短。

若已經準備好面對挑戰，可以把冰塊放進浴缸中，製作家中的冷泉池，或運用一點DIY的知識與創意，打造自己想要的環境。這個方法能讓身體定期進行冷療，把冷療當作保健食品或每天的運動。

除了對生理有益，冷療對心理也有好處，這正是最棒的一點。要面對冷療過程的不適，需要有鋼鐵般的意志與決心。增強粒線體的同時，也能強化自己的心智與

14 泛指運用科學方法和自我實驗，改變身體的化學反應與生理狀態，以增加能量與活力。生物駭客不單是單純調整飲食或作息，更加入智慧穿戴裝置，甚至直接在人體安裝電子零件或基因工程，都是此概念的極端應用。

情緒，證明自己非常強壯，能忍受痛苦，並在這個經驗後變得更好。畢竟，都可以潛入滿是冰塊的池子中了，還會有比這更讓人充滿活力的方法嗎？

冷療有助於增加粒線體數量，熱療則可以增加效率。若你喜歡蒸氣室和三溫暖，知道在高溫下待十五到三十分鐘，可以提高三分之一的粒線體功能後，想必會覺得很高興。尤其是在汗屋（sweat lodge）[15]裡熱療或三溫暖時，粒線體的能量需求增加，更有效率地運用血液中的氧氣，這個過程稱作氧化磷酸化反應。一項研究指出，連續六天處在高溫環境的壓力下，粒線體功能提升了百分之二十八。

另外，楊百翰大學（Brigham Young University）[16]的學者研究了二十八位成人受試者，這些受試者自願參加，並且在參與研究的前三個月都沒有規律運動。研究團隊安排每天兩小時的短波治療（shortwave diathermy），照射在受試者其中一隻腳的大腿肌肉上。短波治療原理是利用電脈波，而受試者需要連續六天接受治療。由於要觀測肌肉的變化，需要達到最低標準的運動量，研究員就以此為標準安排，相當於每天需照射兩個小時。

療程中，針對接受治療的腿部，其溫度大約提高了華氏七度。每位受試者的另一隻腳作為對照組（control group），沒有接受熱療或溫度上的改變。研究者在兩個時間點觀察受試者肌肉的粒線體狀況，一個是接受熱療的第一天，另一個則是最後一次療程結束的二十四小時後。

15 原本是美洲原住民舉行淨化儀式的場所，外觀多為圓頂式。搭建時，會先在地面挖個坑（點火用），將石板鋪在上方，再向外以樹苗搭建出圓拱形。

16 位在美國猶他州第四大城市普若佛，為美國第三大私立大學。

結果發現，接受熱療的那隻腳，其粒線體功能平均增加百分之二十八，同隻腳的粒腺體蛋白質密度也有所增加。再次顯示粒線體的健康會隨身體適應而增加，就跟肌肉力量一樣。

研究已證實熱療擁有多項好處，包括更佳的運動耐力、延長壽命與讓皮膚變好。不過，接受熱療也有需要注意的地方，例如男性近期若有迎接新生命的計畫，最好不要接受熱療。

◇高貴的豆子

剛開始讀這本書時，當你想到能量或如何獲得能量，產生的第一個聯想可能就是咖啡。幾乎所有人都會喝咖啡，或至少曾經喝過。不論身處何處，咖啡都以萬能的提神飲料聞名。面臨能量不足，需要提神時，很多人都會先喝咖啡。

雖然本書已提到各種因素，能讓生活充滿能量，但要是沒有提到咖啡這名貴的豆子，以及它在能量管理計畫中扮演的角色，就顯得有點不對勁。

咖啡雖然讓人精神振奮，遺憾的是，若固定喝咖啡，其實會損害能量。或許聽起來違反直覺，但咖啡其實不會給人任何能量。覺得疲倦與能量低落時，腺苷（adenosine，是抑制性神經傳導物質，與前面提到的ATP有關）會與腦部的腺苷受體結合，引起想睡的感覺。接近深夜開始打瞌睡，就是由於大腦的腺苷濃度已經飽和。

咖啡因的分子也能與這些腺苷受體結合，但效果完全相反——讓人振作且充滿能量。原理是咖啡因阻斷了腺苷與腺苷受體結合，而不會產生想睡的感受。咖啡因關掉了腺苷受體與其讓人疲倦的效應，整體上產生提神效用。短程看來，這個過程可以正常運作。多項研究也指出，咖啡因對提升能量與認知功能非常有效。

然而，身體也非常靈活，要是每天喝咖啡，就會變成習慣。一旦咖啡因效果褪去，人體機制可能加倍製造更多腺苷，幾乎抵銷咖啡因產生的效果。接著睡意就會襲來，程度比平常更嚴重。要是這時再來杯咖啡，就會像坐在索求無度的能量旋轉木馬上，咖啡愈喝愈多，效果卻愈來愈差。試圖戒掉咖啡的人，可能會發現他們的能量完全崩潰，接著深信只有咖啡因能讓自己精神振奮，又開始喝咖啡。然而，咖啡因的效力不過是個假象。

此外，每天喝咖啡相當於長期過度刺激腺苷受體，導致人體生產更多腺苷與腺苷受體。接著，能量的正常基準下降，讓人更加倚賴咖啡因，才能達到正常的能量水平。就像藥物成癮的人需求愈來愈大一樣，最終你會需要喝愈來愈多咖啡，才能保持相同能量，並發現很難在不影響能量的狀況下戒掉咖啡，令人感到遺憾。或許現在你深信咖啡是能量的必需品，但其實它只是將你提升回開始攝入咖啡因之前的能量水準。

喝太多咖啡，起床時會覺得睡眠不足，一點也不神清氣爽，情緒變得很糟。還有證據指出咖啡不只損害能量，還會帶給身體其他負面影響。儘管如此，咖啡還是有些好處，更不用提它很好喝。戒掉咖啡固然是個好主意，但也可以選擇連續幾天喝一杯後，接著休息幾天。若已對咖啡上癮，可能要先「排毒」好幾週，回復身體原本的機制。記住，雖然有幾天會覺得自己快陣亡了，但排毒終會讓身體回到原本的能量額度。

要是能做到暫時不喝咖啡，情況很快就會改善。戒掉咖啡也可以改善睡眠，幫助自己整天都感到平衡與冷靜。若為焦慮和沮喪所苦，你可能會發現不喝咖啡將減少這些感受，情緒更加穩定。研究顯示戒掉咖啡對經前症候群（PMS）與經期健康有正面的影響。要是發現自己整個月能量不斷循環波動，就要謹記這點。

咖啡也有利尿功能（讓人更常跑洗手間），所以你可能會需要幾個禮拜的時間，讓身體取得更好的水平衡。咖啡並不會讓人直接缺水，但會讓人排出更多水分，造成缺水，導致動作遲緩與疲憊。要是戒掉咖啡，用水或茶代替度過這段期間，也會改善皮膚與消化系統的整體狀況。最後，要是習慣在咖啡裡加糖，立刻戒掉這個習慣，這麼做可以減少熱量的攝取，也幫助穩定血糖濃度。

含有咖啡因的飲料同時含有大量的糖與脂肪，只會損害身體，讓咖啡因引發的能量崩潰更加嚴重。停止喝含糖與裝滿奶油的飲料，立刻就會覺得自己變得更輕鬆且更有精神，更不用說沒攝取這些空熱量（empty calories）所帶來的好處。

如果還沒準備好完全戒掉咖啡因也沒關係，只要不損及身體健康，還是可以適度攝取咖啡因。一天不要攝取超過四百毫克，並且避免添加大量的糖與奶油。下午時也不要喝咖啡，用水或茶代替。固定一段時間讓自己休息，一整個禮拜都不碰咖啡。另外，也可以嘗試低因咖啡（decaf），或是妥協喝混合低咖啡因跟正常咖啡因的咖啡。

最後，適度攝取咖啡因還有個重要的原因——腎上腺素。腎上腺負責製造壓力賀爾蒙，若頻繁地過度刺激，腎上腺會過於疲乏而無法反應，讓人覺得筋疲力竭。現在，很多人都承受著過多壓力，一直處在開關打開的狀態，就像長期處於反擊或逃跑模式一樣。

咖啡因會惡化上述的情況，因此惡名昭彰。每天一杯相當於不斷傳遞訊息給腎上腺，讓它製造更多腎上腺素與皮質醇。面對真正的緊急狀況，腎上腺素與皮質醇非常有益；但要是為了趕截止日而熬夜，讓這些賀爾蒙一再充滿整個人體系統，長遠來說則有害健康。咖啡因可能讓腎上腺過度運作導致崩潰，使能量完全消耗。還有，咖啡不僅造成心口灼熱與腸道問題，也會影響鈣的新陳代謝、打破血糖濃度、影響藥物吸收。這些症狀合起來就像疲倦風暴。

若你有疲勞問題、生活壓力龐大、自我免疫或賀爾蒙有狀況、最近生病尚未痊癒，務必要謹慎飲用咖啡。咖啡很有可能就是點燃整個腎上腺問題的導火線。

本章提要

- 我們已經知道身體由相互關聯的系統組成，前面也提過其中的生理層面。但在生理層面當中，也可以從細胞的角度切入，畢竟人體由不同種類的細胞組成，細胞也決定了我們擁有多少能量。明確來說，關鍵在於粒線體的健康。粒線體又稱作細胞發電廠，製造ATP，相當於人體的石油。
- 重點在於增進粒線體健康，以及提升粒線體生合成，增加更多細胞中的粒線體。有四個主要方法可以達成這個目標，毫不意外地，這四個方法也必須符合健康平衡的生活方式。分別是：（一）飲食（關鍵字為多酚、斷食、適量飲食、酮症）、（二）保健食品、（三）運動（HIIT

效果最佳）以及（四）避免環境毒素。

- 另一個改善粒線體健康的方法是調整冷熱。冷療幫助細胞聚集，讓粒線體內製造ATP的過程更有效率，也更有力。熱療的原理則是強迫身體適應。
- 最後，要來談談咖啡。咖啡能讓人瞬間擁有暫時的能量，因此受人擁戴，但我們直覺地質疑咖啡並不是最佳解決辦法，且這股直覺確實有其真實性。咖啡會嚴重干擾幾個關鍵的神經傳導物質，造成惡性循環，使人對咖啡因需求愈來愈大。更糟的是，咖啡會導致腎上腺疲勞。人體在警覺與開關打開的狀況下，腎上腺素就會在體內四處蔓延。腎上腺素頻繁在體內流動並非小事，會讓人無法放鬆，也導致心理與生理的疲憊。

5

CHAPTER

充滿能量的生產力

現在我們已經知道能量從何而來，以及造成疲倦的可能因素。如你所觀察到的，我們或多或少都正在損耗自己的能量。

最後一個章節要來談談一些心理技巧。即便在能量低落或缺乏能量時，這些心理技巧能讓你擁有生產力。改變自己對工作的觀點或態度，或許就能有所不同。實際上，對於相同的任務，有時可能會覺得疲憊，有時卻又充滿活力，這樣的差異全都取決於自己如何看待任務。

◇生產力物理法則

誰會想到可以用物理、數學與方程式來看待生產力與能量呢？但暢銷書作家史蒂芬．蓋斯（Stephen Guise）[1]就做到了，他用牛頓（Newton）的三大運動定律（three laws of motion）作為類比，提出了生產力三大定律。

將能量視作物理概念與方程式，用熟悉的符號與交互作用加以分析，讓我們知道若想增加生產力，需要增加哪些變項，又要避開哪些變項。若知道工作上有哪些變項會影響能量，當能量不足時，就能針對單一變項做調整，就像改變數學方程式

1 美國自我成長暢銷書作家，以腦神經科學與認知心理學為基礎，結合自身商業知識，與讀者分享如何更有效率地工作，著有《彈性習慣》（*Elastic Habits*）與《驚人習慣力》（*Mini Habits*）等書。

的變項一樣。

一六八七年，牛頓提出三大運動定律，解釋物體與系統如何移動，以及如何受周圍的作用力影響。據說牛頓是在蘋果掉下來砸到頭後，才提出了地心引力（gravity）的概念。不論小如機械零件，還是大如火箭或行星，想明白物體如何移動，三大運動定律就是一切的基礎。將三大運動定律運用在人類的認知與行為上，就能描述能量背後的機制，並知道如何控制這些機制，才能更有生產力。

第一運動定律——根據牛頓的第一運動定律，若沒有外力施加在物體上，靜者恆靜，動者恆動。

有關這項定律如何應用在拖延症上，其實十分簡單易懂。靜者恆靜表示人在休息狀態時會傾向繼續休息，除非受到某種外力而開始行動。所以雖然有預計完成的任務，卻還沒有動作，很可能就會保持在這個狀態，直到受刺激後才採取行動。保持不執行任務的狀態，其實是宇宙的基本法則。

但要記住，牛頓的第一運動定律還有另外一個面向：動者恆動，表示已採取行動的人會繼續行動。要是正在工作，根據這個運動定律，很可能會持續工作下去。總而言之，**能量一旦開始流動就會持續不斷**。

充滿能量的關鍵要素，就是找到讓自己開始行動的方法。一旦開始行動，持續下去就變得簡單許多，直到任務完成為止。

接下來，就產生另一個問題，要如何開始一項工作？作家詹姆斯・克利爾（James Clear）[2]提供了應用在生產力上的建議，稱作「兩分鐘法則」（the two-

---

2 著有《原子習慣》（*Atomic Habits*），並建立習慣學院網站（The Habits Academy），助人改變行為與養成習慣。

minute rule）。這項法則提出，當腦中想到某件工作時，兩分鐘內就要開始那項工作。把這個法則當成跟自己簽訂的合約，不管發生什麼事，都要在兩分鐘內開始。累積動量，讓自己的能量沒有機會停滯不前。

舉例來說，公司指定你寫份報告，說明部門企畫的最新進度。為了克服整個早上懶洋洋的惰性，約束自己要在兩分鐘內寫下企畫的標題、目標或預計成果。不需要考慮接下來的事情，只需要在兩分鐘內開始就好。這項行動幫助你打破遲遲無法動作的束縛，而且一旦開始寫下跟企畫有關的內容，會發現要繼續下去簡單多了。

遵守兩分鐘法則還有個好處，就是強制自己把任務分成更細的步驟，畢竟要在兩分鐘的限制內開始工作，意謂著要思考如何把工作分為細項，才能便於管理，也能更快速與容易地開始。

注意，兩分鐘法則不要求你完成工作，甚至不用按照一定的順序與方法。也不需要在意工作結果的品質，這些都可以之後再評量與改善。兩分鐘法則只需要你動起來，開始行動。

藉由牛頓第一運動定律，會發現人一旦開始工作，就更容易持續下去。能量會產生更多的能量，與其等待擁有大量能量才開始行動，倒不如有一點點能量時就先開始。你會發現開始後，自己的動機與驅力會如滾雪球般，愈來愈多。

第二運動定律——牛頓的第二運動定律解釋作用力如何影響物體移動的速度。第二運動定律常用F＝ma這個式子表達，描述施加在物體上的總作用力（符號F），為物體質量（mass，符號m，是指物體內含有多少物質）與物體加速度（acceleration，符號a，指物體移動速度隨時間的變化率）相乘的乘積。

也就是說，第二運動定律描述需要施多少力，才能讓一定質量的物體朝特定方向加速。如同F＝ma這個式子，作用力、質量以及加速度三個變項間的關係成一定比例。物體質量愈大，就需要愈大的作用力才能加速。同樣地，想要物體隨時間愈快移動（也就是加速），就需要施加更大的力。

要讓一個物體加速（假設是一顆球），施加在球上的作用力和施力方向都會讓結果不同。要是施更多力讓球往左而不是往右，球就一定會往左移動。

目前為止，你能理解嗎？

把第二運動定律套到能量上，代表不只要注意處理的工作量（相當於質量大小），也要注意工作的方向（相當於移動方向）。若是做很多工作卻沒有聚焦在一個方向，與做相同的工作量且朝向同個方向相比，成果絕對不如後者。

人所能處理的工作量有限，所以如果想讓努力發揮最大的效果，必須要意識到工作的方向。牛頓提出F＝ma這個式子，教導我們一個道理，努力的方向與付出多少努力一樣重要。誘惑、分心、沒有排定優先順序，都會讓能量及努力分散到不同方向，所以避免這些要素就是生產力最大化的關鍵。讓能量專注在一件事上。

假設在今天結束以前，你必須完成一堆工作，包括回覆五封客戶的電子郵件、看完很多頁的研究計畫並提供回饋，還要為前同事寫封推薦信。

運用牛頓的第二運動定律，你需要先知道，能在多快的時間內完成特定任務，取決於聚焦在工作上的能量，而且是只專注於那項工作上。如果你堅持在整個早上不斷切換瀏覽器分頁，一下處理電子郵件，一下看研究報告，一下寫信，很可能在中午前一件事都沒完成。甚至來回切換分頁就是拖延工作的作法。

要修正這點，就要運用牛頓第二運動定律：把能量（作用力）集中在一個方向，才能最快地完成工作。

第三運動定律——最後一個運動定律的內容是作用力必有反作用力。這表示物體A對物體B施力時，物體B也會施加作用力，只是方向相反，朝向物體A。舉例來說，人游泳時會把水往後推，這就是對水施加力量。同時，水也會對人體施加力量，這兩股力大小相同，只是方向不同，水推著人向前。

運用在生產力與能量上，這條定律反映生活中既然有提升工作生產力的因素，也會有降低生產力的因素。這兩股力量經常對抗，平衡點因人而異。對生產力低落的人來說，會降低生產力的因素更常占上風。

具有生產力的影響因素包括正向程度、工作氛圍、環境、社群網絡、專注、動機；不具有生產力的因素則包括壓力、誘惑與分心、不實際的工作目標、不健康的生活型態（像是糟糕的飲食或缺乏睡眠）。這兩股力量的交互作用與平衡，決定一個人在一般情況下的生產力及能量。

這時平衡可能朝兩個方向改變，超高生產力或嚴重枯竭。比方說，若是充分休息、對自己的能力滿懷自信，只需要花一小時就能完成報告；但如果壓力過大並感到不安，同樣的任務可能就要花上一個禮拜。

以牛頓第三運動定律為基礎，有兩個方法可用於提升能量。第一個方法是增加具生產力的因素。蓋斯把這個方法稱作「打起精神完成」（power through it），其實就是單純地找到方法替自己打氣，獲得更多能量，努力克服環境中讓你感到缺乏生產力的影響因素。這個策略包括像是喝一杯接著一杯的咖啡（雖然現在你應該知道這麼做的風險），或是從書和勵志影片中學到能激勵自己的字句。

「打起精神完成」這個選擇確實有效，但只能維持一小段時間。問題在於我們只是掩蓋了會降低生產力的影響因素，這些因素還是會減損能量，而這項疲憊的任務也容易讓人筋疲力竭。

因此，蓋斯提出另一個建議方案，直接處理缺乏生產力的影響因素，也就是完全消滅這些因素，或至少減輕影響。這個策略可以採取的行動包括減少自己承諾的任務項目、學會拒絕，並改變環境，讓生活單純許多。

第一個選項提到增加更多有利生產力的因素，相較之下，第二個選項只需要移除阻礙能量的因素，釋放儲存的額外能量。如你所猜測的，比起試圖增加更多正面因素以創造能量，第二個做法比較容易奏效。

這邊舉個例子，假設你需要完成一年的評鑑報告，提供給組織企畫的贊助商，你知道自己需要安靜的環境，才能有效率地思考及工作，但你的辦公隔間夾在兩位健談的同事之間。在這吵雜且令人分心的環境下，與其採用「打起精神完成」這個做法（試圖增加生產力因素），不如考慮移到另一處較安靜的地方，或是禮貌地請同事接下來一、兩個小時都不要打擾你（消除不具生產力的因素）。

這樣一來，就會比較有動機開始並持續工作，不一定是因為你提升了意志力，而是因為體內的能量可以毫無障礙地自然流動。

◇消除選擇的悖論

大部分人都以為擁有選擇再好不過，而且選擇愈多愈好，但目前所有與人類行為有關的研究並不這麼認為。相較於只能採取一個行動，其實人在面臨更多選擇時，表現往往更糟。心理學家貝瑞・史瓦茲（Barry Schwartz）[3]把這種現象稱作「選擇的悖論」（the paradox of choice）。

舉個例子，假設公司提供你多種研究補助資金，要在當中做出最佳選擇，就需要比較、檢視細節，你因此感到壓力，於是把研究拋到腦後，連續幾年都不進行。最後，你的名下沒有再增加任何一篇研究，為職涯停滯不前所苦，全是由於面對多項選擇，過於不知所措而無法採取行動。將能量放在這些沒有意義的事上，就像呆站在十字路口，多麼浪費！

學會如何處理選擇的悖論，是能量最大化的必要技巧。若是能培養心態，在面臨多個選擇時，做出明確決定，就不會將能量浪費在無關緊要的事情上。

選擇的悖論往往帶來負面影響，太多選擇造成過重負擔，可能會發生以下幾件事情：

（一）就算做決定後，還是會常想起自己沒有選擇的選項。像是買了一幅畫後，仍想像要是現在掛在牆上的那幅畫，是其他沒有買下的畫，看起來會多棒啊。說白了，其實你根本不滿意自己做的選擇，因為一部分的你一直在想著那些錯過的

3 美國心理學家，生於一九四六年，以心理學觀點討論經濟現象，著有《只想買條牛仔褲》（*The Paradox of Choice*）等書。

選擇。這是買方悔恨（buyer's remorse）的典型例子。

（二）擁有太多選項會讓人耗費過多時間在做決定上，變得動彈不得，無法做出抉擇，也無法處理其他任何事情。哲學上，布里丹之驢悖論（the Paradox of Burdian's ass）[4]就在描述這個現象。這個悖論由哲學家讓・布里丹（Jean Burdian）[5]發揚光大，描述有匹飢餓的驢子站在兩堆一模一樣的稻草堆間，這匹驢子總是選擇離自己最近的稻草堆，但這回兩堆的距離完全相同，驢子無法在兩堆稻草中做出抉擇，最後活活餓死。

布里丹之驢悖論應用在生產力與能量的機制上，是指當你自覺背負重大責任卻遲遲做不出決定，選擇的悖論將無止盡地吸取你的能量，使你無意義地忙碌著。

要克服選擇的悖論，關鍵是訂下規則約束自己。找到方法讓自己黑白分明地看待事情，畢竟灰色地帶可說是滋養過度思考與浪費能量的肥沃土壤。多種選擇就像色譜（spectrum of color），只會讓人停滯不前，苦惱灰色地帶中哪個才是最好的選項，最後你只會厭倦不確定性、失去動機，無法做出任何決定，也無法採取行動。以布里丹之驢悖論來說，驢子只看到灰色地帶，而不是通往食物的明確道路，於是游移不定，最後落得活活餓死的下場。

想避免布里丹之驢悖論的陷阱，保存自己的能量（記得自我損耗嗎？），可以

4 其實在古希臘哲學家亞里士多德（Aristotle）的年代，就有哲學家討論與布里丹之驢悖論相似的思想實驗，只是主角不見得是驢子，情境也不一定是選擇兩堆稻草。

5 布里丹是法國哲學家，生於西元一二九二年，一三六三年逝世。主要研究邏輯與亞里士多德的哲學，質疑當時教會奉為圭臬的亞里士多德思想與物理學，例如反對地心說。其實，布里丹的哲學思想不曾實際提到驢子悖論一詞，但內容與該悖論相當接近，故後世多視布里丹將驢子悖論發揚光大。

採取以下策略：

方法一：專注在單一因素，憑意志力忽視其他事情。每個選項當然都有各自的優點與缺點，要在大量選項中做出抉擇，不只是簡單計算哪個選項優點最多、缺點最少。做決定時非常倚賴自己真正在乎什麼，這可以篩選出一到兩項關鍵因素。與其處理無數個標準，讓自己為做出一項決定感到負擔，倒不如聚焦在一、兩項重要因素上，忽視其他面相。透過這個方法，會更清楚知道哪個選項對自己最有利，也能愈快做出決定。

假設你需要買個新微波爐，眼前有多個型號供挑選，且各個微波爐都有獨特的功能與創意。要是你不知道該聚焦在哪個項目，面對這麼大的選擇範圍，很容易迷失於各種五花八門的功能。

想輕鬆挑出符合自己真正需求的產品，需要事前先想好一到兩個特色作為挑選的根據，比方說尺寸大小（廚房放得下）以及智能烹調功能。將這兩個特色記在心中，就能排除很多不符合的型號，有效率地縮小選擇範圍，更容易選到適合自己的微波爐。

方法二：訂出做決定的時間。限制自己在一段時間內做出決定，最多兩分鐘。不論兩分鐘過後得到什麼決定，都要堅持執行。藉由限制自己花多少時間在選項中掙扎，來克服選擇的悖論。這個方法讓你免受錯過機會的負面後果，也激勵你採取必要行動來達成目標。

例如，想像有場屬於你的慶祝活動即將到來，你負責選擇與裝潢會場，但現在卻掙扎於場地A與場地B這兩個選項。關於預定場地這件事，你已經推遲多個星期，只因為遲遲無法決定哪個場地比較好。為了避免自己浪費更多能量，設定兩分鐘的時間，逼自己一定要在這段時間內做出選擇，並堅持下去。

在這兩分鐘內，你可能會反覆衡量這兩個場地，但時間一到，不論最後決定哪個，就必須確定去你選擇的那個場地，先假設是場地A好了。要保證這個方法有效（不能反悔！），記得兩分鐘一過完，務必要打電話預約場地A。

方法三：馬上選擇預設選項且堅持下去，除非有其他更好的替代方案出現。當你選定了一個預設選項後，可以花些時間，試著找替代方案，跟原本的預設選擇比較。要是替代方案都沒有比自己預設的選擇好，就回到原本的選項。如此一來，能確保自己事先做好決定，到了該行動的時候，只要按照這個決定進行就好。

預設選項本身就是個選擇，我們可能會傾向堅持遵守這類選擇。

舉例來說，再回到前面選擇場地的情況，想像慶祝活動即將到來，你負責選定場地，卻糾結於場地A與場地B，而一再拖延這項任務。

為了不要讓自己浪費更多能量，或許你原本就將場地A作為預設選項，接著給自己三天的時間找其他替代方案，或比較場地A與場地B的各自優缺點。到了第三天，你發現還是不滿意其他替代方案，或對每個選項都非常滿意，開始感到迷惘，那麼就回到原本的選擇場地A。

透過這個方法，你可以開始規畫後續活動，不會因為猶豫不決而遲遲無法做出決定。

方法四：大部分狀況下，使用「滿意即可」策略（satisfice）。英文單字satisfice結合了satisfy（滿意）與suffice（滿足）兩字。這個字是一九五〇年經濟學家司馬賀（Herbet Simon）[6]創造的字彙。司馬賀認為人應該以滿意即可為目標，而不是追求創造最大幸福的選擇。

一般來說，人大致可以分成兩個類型，一種人只求好，另一種人則是追求完美的決定。

假設你正在選購新的腳踏車，若是追求完美決定的人（maximizer），會犧牲好幾個小時，思考自己的決定，認為評估愈多選擇愈好。這類人想要最棒與最符合自己需求的腳踏車，所以費盡全力尋找；即便報酬遞減法則[7]與八十／二十法則[8]已經指出這根本不可能發生，這類人還是渴望找到能讓自己百分百滿意的東西。

相反的，只求好的人（satisficer）會聚焦在如何讓自己滿意，尋找符合自己需求的選項。他們還是希望東西功能夠好，能讓自己滿足，但不需要好到讓人雀躍或狂喜。總而言之，這類人只求好，而且一旦達成目的就不再尋找。

這兩種標準截然不同。研究發現只求滿意的人對自己的決定感到較開心，追求最佳結果的人卻感到不滿，不斷想著其他可能更好的選項。

追求完美結果是現代社會的棘手問題，因為這個時代比起人類歷史上其他時間點，更容易獲得自己想要的事物。同時還有選擇的悖論，讓人更難以滿足。以現實層面來說，對於一些決定，我們還是應該要努力創造最佳價值，所以要付出相應的

---

6 一九七八年諾貝爾經濟學獎得主，雖然研究計算機科學與心理學，但其理論運用廣泛，包括經濟學、公共行政、管理學與科學哲學。二〇〇一年逝世。
7 又名收益遞減法則，指在投入生產要素後，每單位生產要素隨著所能提供的產量增加而遞減。
8 指約僅有二十％的因素卻影響了八十％的結果。少數的變因卻是重要的因素，是能影響最終結果的關鍵少數。

心力，做出最後的選擇。

大部分情況下，我們只是想要一些可靠且實用的東西。假設現在你在一間超市，試著挑選自己想要的花生醬。這時該怎麼做決定呢？求有就好還是追求完美？我們應該用相同的思考模式，面對日常生活中百分之九十九的決定。

若不這麼做，會常常感到不堪負荷，而且報酬遞減更會浪費心智能量。不論最好的花生醬能帶給自己什麼淨利（net benefit），絕對比不上為了找到它所耗費的額外心力。

◇拒絕的力量

與標題內容呼應，若事物與自己的目標和任務不一致，培養對這些事物說不的習慣。想要精力充沛、生產力佳，知道怎麼在一天中引導自己的選擇，這一切都跟專注有關。

沒有人有無限的能量與心智資源，所以充分利用擁有的資源是很重要的，思考能夠最大程度利用資源的方法，是一種很好的策略：一、增加自己的能量；二、確保自己沒有浪費或是白白消耗能量；以及第三個策略，善用自己的能量。再次強調，重點在於專注，把所有的注意力集中在最要緊的事上，而不是較不重要的事情。記住，生產力不等同把事情做好而已，也包括做正確的事情。

拒絕是寶貴的生活技巧，保護自己的資源，堅守界限，讓自己持續走在通往目標的道路上。接受他人的要求的確有很多好處，但拒絕也是必要的，它協助我們建立自我價值感與自主性，避免沉重的負擔或被他人瞧不起，可以更清楚地引導我們朝理想前進。很多人覺得疲憊不堪，不是因為缺乏能量，而是沒有學會如何向不斷對他們（有限的）能量提出要求的事物說不。

當你向他人說不時，其實是掌控了自己的人生，更有效地分配能量，贏得他人的信賴。你可以擁有自己的生活，為人生的處境負責，也可以釋放更多資源，用於更在乎的事情。

首先，要意識到答應他人要求，其實是在損失自己的能量。很多人明明知道應該拒絕，卻還是答應下來，只是因為害怕被他人討厭或冒犯到他人。既不希望讓他人沮喪與失望，也不想替自己引來不必要的注意。拒絕也許會讓你感到罪惡或壓力，認為順應他人比拒絕來得輕鬆，但除非能夠駕馭拒絕的藝術，在自己不想接受時表達出來，否則就會不斷流失能量，更不用提會讓你感到易怒、沉重，甚至覺得大家都不尊重自己，沒把自己放在眼裡。

一旦意識到自己常答應別人的請求，就必須檢視一些關於說不的心理劇本（mental script）[9]與核心信念，分析有哪些需要修正。**拒絕他人不代表自己是壞人。**不論是在職場、學校、家庭還是人際關係，都有權利與自由捍衛自己的利益，設定界線，在必要時堅守。

9 是指在心中想像發生特定情境時，自己會如何反應。

有些人之所以是好好先生，是因為抱持著自己的任務就是幫助每個人、處理好每件事情的核心信念，必須對他人有所貢獻，否則就沒有自我價值，不配為人。若有長期討好他人或自尊心低落的問題，尋求心理治療師重新編寫這些信念或許是個方法。同時開始保護自己的能量，引導到在乎的事上。若不想找治療師，可以按以下的步驟，學會更有效地拒絕他人：

步驟一：釐清自己想要什麼，有多少能量，最想要拿這些能量做什麼？

步驟二：對自己許下承諾，要是不深信自己有拒絕的權利，就永遠說服不了其他人。

步驟三：做好準備後，勇敢說不。保持冷靜、直接了當，禮貌但不要退縮。

步驟四：堅持到底不反悔。拒絕之後不要改變心意，或自願為他人做其他事情

當作補償。要是其他人不尊重自己的界限，仍要堅守自己立下的那條線。

步驟五：不斷練習。剛開始學著拒絕確實很困難，但愈堅定與冷靜地去做，就會愈來愈容易。繼續保持，不要放棄！

拒絕他人常需要一些技巧，但只要遵循以上五個步驟，一切都會好起來。讓拒絕成為一種習慣，明確知道自己重視什麼，還有自己的原則與界線，清楚地陳述，不需要帶有罪惡感。剛開始可能會覺得自責，但提醒自己，謹慎看待與應用自己的能量，其實是為在乎的事情保存心力，才能滿懷熱情投入其中。

不要長篇大論地解釋、自我辯解或道歉。保持簡潔、清楚明瞭，並緊扣主題。可以先對著鏡子練習，或遵循事先準備的說詞。要是對方不斷追問，不論幾次，重複自己的原則，直到對方不再來打擾自己。很快，對方就會尊重你的界限。

當然，還是可以很有禮貌地拒絕他人，如果你願意且適當的話，也可以提供或建議替代方案。提醒自己，無論其他人對你的界線有什麼感受，你都不需要負責。善意的謊言或許能在某些情境派上用場，但大部分的情況下，最好早點表達自己的想法，明確表達拒絕。如果你想的話，可以同理並給予對方解釋，但沒有義務這麼做。「不」這個字本身就已經是個完整的說明。

◇動機（還有能量）伴隨行動而來

最後一個心態，是接受自己必須對抗能量損耗。只有透過這個方法，真正的能量與對生產力的需求才會浮現出來。大部分狀況下，不論真正原因為何，最後我們總是告訴自己感覺不對（我不想這麼做），於是一再拖延。

不論何時，若知道如何激勵自己，達成目標就變得容易五百萬倍。過程就像只要按下神奇按鈕，就能爬出被窩，開始工作；或是能量一旦開始減少，重新按下按鈕，就可以注射一劑好東西，再次變得更有生產力。不違反法律的前提下，最接近的方法就是喝咖啡，但這個方法的效果也會隨時間減弱。

要是打從心底喜歡一項計畫，或是從事自己真正有熱情的事，很容易就可以受到鼓舞。但務實一點來說，總是有幾天光是要離開被窩都是個挑戰，甚至是項了不起的成就。對多數人來說，我們並沒有非常喜歡自己的工作，更不用提受到工作鼓舞了。一位藝術家可能會受到啟發，將靈感化做現實的作品，但一般人要怎麼辦呢？我們只是想擠出足夠的意志力，讓自己有辦法撐過一天。而這一切的討論，都是為了釐清在採取與開始行動中，動機扮演著何種角色。

不論你的目標是什麼，動機都扮演重要角色，劃分了成功與失敗的不同。動機也是影響驅力與上進心的重要因素。但我們看待動機的觀點其實是完全錯誤的。

想到動機，我們總是希望有個事物能在心中燃起熱情，讓自己馬上從沙發上跳起來，專心在任務上。換句話說，我們期望動機能讓自己採取行動。這個想法有幾個問題，事實上我們可能在找根本不存在的東西，讓自己一直在板凳上等待，不做出行動，失去成功的可能。就算真的找到了，這種動機也非常不可靠。要是你覺得需要動機才能行動，那就錯了。

比方說，有位作家覺得自己沒有動機與靈感，寫不出東西，一直瞪著白紙好幾個小時，這就是對動機抱有錯誤想法的結果。

事實上，規畫生活計畫時，不需要有個激勵人心的開始。尋找動機只會產生門檻，造成行動的額外障礙。培養不需要動機也能行動的習慣，令人驚訝的是，自然而然你就會找到所追求的事物。行動帶來動機與更多的動機，最終成為動力。

在一件事上花愈多時間，對自己就愈有意義。你的行動會變成前進的燃料。踏出第一步後，看到自己的努力推動進度，動機就會更容易、更自然地產生，靈感與自律也會一同增長。你會突然間進入工作狀態與模式。踏出第一步總是最困難的，但第二步就不會這麼困難了。

再次重複，忘掉動機這件事，直接行動，就會受到激勵。踏出第一步很困難，但除了考慮動機外，直接採取行動會帶給自己更多其他的收穫。

舉例來說，自信也會伴隨行動而來。畢竟，要是從來沒有嘗試做某件事情，怎麼能期待對那件事產生自信？行動讓我們知道所有事情都會好轉，所以不用害怕。這是源於第一手經驗產生的真正的自信，比起事前努力說服自己可以做到的虛假自信，更容易達成。

公開演講總是令人感到恐懼。思考一下你可能如何找到能引起行動的信心，像是告訴自己一切都會沒事、想像觀眾只穿著貼身衣物，或是提醒自己安排時間演練。現在，思考一下在開始後可以怎麼找到信心，也就是行動如何帶來自信。比起「我還沒做，但應該會沒事吧」，對自己說「我做完了，而結果還不錯」，絕對比較簡單。

最關鍵的重點在於，不要等到百分百準備好才踏出第一步，或相信行動前的動機是過程中必要的一部分。你可能永遠都不會覺得自己已經準備好了。相較其他因素，開始行動才是最能激勵人的，讓行動激勵自己，接著建立自信。改變對動機的期待，去除施加在自己身上的要求。

身為人類，容易拖延的傾向可能已經刻在大腦邊緣系統（limbic system）[10]中，但不代表我們永遠都奴役於原始欲望與衝動。建立積極正向的心態，就能夠更有效地控制原始欲望與衝動，克服拖延的誘惑。

10 負責行為、情緒、長期記憶、嗅覺等功能。海馬迴與杏仁核都歸類為邊緣系統。

本章提要

- 能量有很多正面與負面的因子。在疲憊的狀況下，如何維持生產力，是本書最後一章涵蓋的內容。
- 第一個方法是瞭解牛頓三大運動定律如何應用在能量上。把能量多寡看作方程式將非常有幫助，這個觀點讓人思考生活中的變項，並學著如何控制這些變項。能量的第一運動定律：靜者恆靜，動者恆動（踏出第一步總是最困難的）。能量的第二運動定律：工作成果取決於注意力與施加在其上的力（所以要刻意集中自己的心力）。能量的第三運動定律：每個動作都有大小相等、方向相反的反應（需要考量生活中對生產力有利與不利的因素）。

- 選擇的悖論是另一項影響能量的因素，意思是選擇與選項讓人猶豫不決、充滿懷疑而損害能量。甚至使人落入布里丹之驢悖論的狀況，就像驢子在兩堆食物間做不出選擇，活活餓死一樣。為了避免陷入這種處境，培養限制自己要在一段時間內做出抉擇的習慣，讓選項黑白分明、追求滿意即可，並立刻選擇預設選項。
- 最後，還有個方法能創造更多的生產力與專注力，就是若事情跟自己的價值、原則、限制及目標並不一致，要學會拒絕。拒絕時，態度要冷靜，表達要清楚明確，我們永遠有權利為自己設下並堅守界線。
- 瞭解動機與能量非自然產生，它們可能永遠不會出現。但只要開始行動，能量與動機幾乎都會一起出現。動機與能量伴隨行動而來，可是多數人卻在追求動機與能量讓自己採取行動。這相當於本末倒置，其實只需要開始行動，動機就會有所改善。

各章提要

第一章　能量決定一切

- 自律、規律的習慣、意向思考與分析性思考並不是白費工夫。相反的，它們是生活中所能做得最好的改變。但如果缺乏足夠使用的能量，自然沒有辦法學習、實踐以及從中受益。
- 能量是所有想法與行為的電池。少了它，任何策略、技巧或訣竅都不再重要。這就是「乘以零」這個概念在日常生活的例子。如果方程式中有個零，表示整體運算結果將會是零。還有個比喻把能量當成鏈子中最脆弱的一環，同時也是最容易忽略的。簡單來說，能量非常重要。

- 能量金字塔模型可以幫助我們思考能量扮演的角色，以及該如何管理能量。模型有四層，彼此相互依賴，包括生理能量、情緒能量、心智能量與精神能量。本書接下來的內容會以能量金字塔為藍圖。此外，能量金字塔也指明人必須充分休息，否則就會枯竭；同時也需要挑戰自我並把自己推向極限，增加能量額度。
- 累積生理能量的其中一個方法，是用七分鐘高強度早操展開一天。這有助於喚醒你的身體，提升能量總額，用適當的方式迎接一天。

第二章　生理能量吸血鬼

- 談到能量，必須先從生理層面談起。人體相當於引擎，加滿能量才能表現出色，甚至需要能量才能正常運作。消滅奪走生理能量的元凶，以更好的習慣與意識取代。也可以檢視自己能量耗盡時會發生什麼事，也就是陷入倦怠時的狀況。倦怠正是奪取能量的最大元兇，是人體處於壓力與焦慮時崩潰的狀態。

- 另一名奪走能量的吸血鬼則是缺乏良好品質的睡眠，讓人生產力低落且無法充分休息。你的睡眠衛生可能非常糟糕卻不自知。這時該做的事情包括睡前避免藍光、紓發壓力與保持規律睡眠時間。還需要找出自己的時型，瞭解它跟自己的晝夜節律有何關係。晝夜節律直接影響超晝夜節律，而人清醒時遵循超晝夜節律，也是考慮能量自然起伏時所需要列入的變項。總而言之，充分休息的睡眠是力量乘數（force multiplier），使其他無關的領域也有好的結果。
- 主要時型一共有四種：熊、獅子、狼與海豚。透過瞭解自己的時型，就能以生產力黃金時段為核心規畫一天。除了找出自己最有生產力的時段之外，也需要考量壓力波動與外界的溝通需求。

- 只要做得適當，午睡可以非常有效。午睡時間不要超過二十分鐘，要是會犧牲晚上的睡眠品質，就要避免午睡。
- 接著要來談談人體的燃料——飲食。有不少文獻教人吃得健康，但很少文獻教人如何吃得有能量。這個問題攸關兩個較陌生的概念：升糖指數（簡稱GI值）與升糖負荷（簡稱GL值），以及整天的吃飯時間。確保自己的血糖濃度維持穩定與適當，畢竟血糖太高或太低都會導致能量快速下滑。因此，必須掌控GI值（食物轉換成血糖的速度與規模）與GL值（攝取碳水化合物的量），以及一天進食的時間點。

- 除了吃足夠的葡萄糖外，也要確保攝取足夠的維他命與礦物質。人體不能欠缺任何一種營養。也可以透過服用特定益智劑增進能量，或是吃複合補給品提升生理狀態。
- 水很重要。多喝水，使大腦有充足水分，維持高能量。

第三章　情緒與心智能量吸血鬼

- 即使照顧好生理面向，還是可能覺得自己軟爛如一攤泥，無法藉著自由意志行動，感覺缺乏支撐的力量。如同能量金字塔展示的，身體健康只是基本條件，並不是能量保證。相較於基本的生理能量，心智與情緒能量往往更有影響力，且在大部分情況下，與人唱反調。我們可能都聽過這樣的故事：一個人擁有近乎瘋狂的熱忱，連續工作二十個小時。但事實是我們只會因為情緒或心智能量枯竭，而陷入覺得自己沒用的負面狀態。

- 先談談情緒能量。它跟你如何看待自己、整個世界與自己在其中的定位有關，也涉及自信、安全感、焦慮與感受。如吸血鬼般奪去能量的人、自己的負面信念、認知扭曲，以及無法賦予能量的觀點，都會影響情緒能量。會發生這類事情，是因為花太多時間與能量在自己的內心世界上，沒有從外界汲取能量。但這又是為了什麼呢？就像認知扭曲所展現的，這些都不符合現實。
- 二分法思考、個人化、過度類化、災難化與妄下結論都是常見與危險的認知扭曲。其中，情緒化推理也特別常見，指的是憑藉當下感受的情緒決定現實，奪去了思考的彈性。與他人比較則並非心理學上的認知扭曲，卻同樣創造偏頗的現實與期望。人應該以自己的標準衡量自我，而非與他人的優勢相較。

- 要對付扭曲的信念與敘事觀點，必須採用認知行為療法。認知行為療法雖然會耗費大量能量，但結果是值得的。要達成這個目標，最佳方法是以A－B－C口訣為基礎的思想日記。過程包括分析情緒的促發事件或導火線，以及情緒反應本身，並透過找出背後的信念將兩者連繫在一起。
- 想保護與維持完整的情緒能量，就要避開特定種類的人。這些人不一定都很浮誇或負面，但必定把自己放在第一順位，讓其他人收拾爛攤子。我們所能做的就是過濾這些人，向世界傳遞正能量，同時降低對他人的期待。
- 心智能量與疲憊且不堪負荷的心靈有關，或許你會對我們的心靈很容易覺得疲憊而感到驚訝。但自我損耗的概念顯示，即便是做少少幾項決定或自我控制，都會消耗心智能量，讓我們無法進行分析與批判性思考。雖然我們不能避免思考生命中深刻的議題，但仍可以盡量簡化與優化流程，方法包括面對可能需要選擇的情境時，先準備好制式決定，盡力儲存心智能量。

- 心智能量的核心是壓力會如何影響大腦作用。透過每天或每週安排正念冥想的習慣，能抵抗壓力對大腦產生的影響。正念的基本理念是盡可能讓大腦抽離一切事物，移除心靈上的雜音。我們能意識到大幅消耗自己心智能量的元凶，卻不知道潛藏在背後，快速累積的慢性損耗。正念冥想練習除了讓人冷靜下來外，也能讓情緒變得更穩定。

第四章　關鍵就在細胞裡

- 我們已經知道身體由相互關聯的系統組成，前面也提過其中的生理層面。但在生理層面當中，也可以從細胞的角度切入，畢竟人體由不同種類的細胞組成，細胞也決定了我們擁有多少能量。明確來說，關鍵在於粒線體的健康。粒線體又稱作細胞發電廠，製造ATP，相當於人體的石油。
- 重點在於增進粒線體健康，以及提升粒線體生合成，增加更多細胞中的粒線體。有四個主要方法可以達成這個目標，毫不意外地，這四個方法也必須符合健康平衡的生活方式。分別是：（一）飲食（關鍵字為多酚、斷食、適量飲食、酮症）、（二）保健食品、（三）運動（HIIT效果最佳）及（四）避免環境毒素。

- 另一個改善粒線體健康的方法是調整冷熱。冷療幫助細胞聚集，讓粒線體內製造ATP的過程更有效率，也更有力。熱療的原理則是強迫身體適應。
- 最後，要來談談咖啡。咖啡能讓人瞬間擁有暫時的能量，因此受人擁戴，但我們直覺地質疑咖啡並不是最佳解決辦法，且這股直覺確實有其真實性。咖啡會嚴重干擾幾個關鍵的神經傳導物質，造成惡性循環，使人對咖啡因需求愈來愈大。更糟的是，咖啡會導致腎上腺疲勞。人體在警覺與開關打開的狀況下，腎上腺素就會在體內四處蔓延。腎上腺素頻繁在體內流動並非小事，讓人無法放鬆，也導致心理與生理的疲憊。

第五章　充滿能量的生產力

- 能量有很多正面與負面的因子。在疲憊的狀況下，如何維持生產力，是本書最後一章涵蓋的內容。
- 第一個方法是瞭解牛頓三大運動定律如何應用在能量上。把能量多寡看作方程式將非常有幫助，這個觀點讓人思考生活中的變項，並學著如何控制這些變項。能量的第一運動定律：靜者恆靜，動者恆動（踏出第一步總是最困難的）。能量的第二運動定律：工作成果取決於注意力與施加在其上的力（所以要刻意集中自己的心力）。能量的第三運動定律：每個動作都有大小相等、方向相反的反應（需要考量生活中對生產力有利與不利的因素）。

- 選擇的悖論是另一項影響能量的因素，意思是選擇與選項讓人猶豫不決、充滿懷疑而損害能量。甚至使人落入布里丹之驢悖論的狀況，就像驢子在兩堆食物間做不出選擇，活活餓死一樣。為了避免陷入這種處境，培養限制自己要在一段時間內做出抉擇的習慣，讓選項黑白分明、追求滿意即可，並立刻選擇預設選項。
- 最後，還有個方法能創造更多的生產力與專注力，就是若事情跟自己的價值、原則、限制及目標並不一致，要學會拒絕。拒絕時，態度要冷靜，表達要清楚明確，我們永遠有權利為自己設下並堅守界線。
- 瞭解動機與能量非自然產生，它們可能永遠不會出現。但只要開始行動，能量與動機幾乎都會一起出現。動機與能量伴隨行動而來，可是多數人卻在追求動機與能量讓自己採取行動。這相當於本末倒置，其實只需要開始行動，動機就會有所改善。

Ideaman 166

最高精力管理法：透過精力管理，擺脫疲憊和拖延，打造高效、充滿生產力的複利人生

Have More Energy. A Blueprint for Productivity, Focus, and Self-Discipline—for the Perpetually Tired and Lazy

原書書名／Have More Energy. A Blueprint for Productivity, Focus, and Self-Discipline—for the Perpetually Tired and Lazy
原出版社／PKCS Mind, Inc.
作　　者／彼得．霍林斯 Peter Hollins
譯　　者／李明蓉
企劃選書／韋孟岑
責任編輯／鄭依婷

版　　權／吳亭儀、江欣瑜、林易萱
行銷業務／周佑潔、賴玉嵐、賴正祐
總 編 輯／何宜珍
總 經 理／彭之琬
事業群總經理／黃淑貞
發 行 人／何飛鵬
法律顧問／元禾法律事務所 王子文律師
出　　版／商周出版
115 台北市南港區昆陽街 16 號 5 樓
電話：(02) 2500-7008 傳真：(02) 2500-7759
E-mail：bwp.service@cite.com.tw
Blog：http://bwp25007008.pixnet.net/blog
發　　行／英屬蓋曼群島商家庭傳媒股份有限公司城邦分公司
115 台北市南港區昆陽街 16 號 5 樓
書虫客服專線：(02)2500-7718．(02)2500-7719
服務時間：週一至週五 09:30-12:00．13:30-17:00
24 小時傳真服務：(02)2500-1990．(02)2500-1991
郵撥帳號：19863813　戶名：書虫股份有限公司
讀者服務信箱：service@readingclub.com.tw
城邦讀書花園：www.cite.com.tw
香港發行所／城邦（香港）出版集團有限公司
香港九龍土瓜灣土瓜灣道 86 號順聯工業大廈 6 樓 A 室
電話：(852) 2508-6231　傳真：(852) 2578-9337
E-mail：hkcite@biznetvigator.com
馬新發行所／城邦（馬新）出版集團【Cite (M) Sdn. Bhd.】
41, Jalan Radin Anum, Bandar Baru Sri Petaling,
57000 Kuala Lumpur, Malaysia
電話：(603)9056-3833　傳真：(603)9057-6622
Email：services@cite.my
封面設計／萬勝安
內頁編排／菩薩蠻數位文化有限公司
印　　刷／卡樂彩色製版印刷有限公司
經 銷 商／聯合發行股份有限公司　電話：(02)2917-8022　傳真：(02)2911-0053

2024 年 03 月 05 日初版

定價 380 元
ISBN 978-626-390-031-8
ISBN 978-626-390-028-8（EPUB）

城邦讀書花園
www.cite.com.tw

Printed in Taiwan
著作權所有，翻印必究

Copyright © 2021 by Peter Hollins
Complex Chinese translation rights arranged with PKCS Mind, Inc.
through TLL Literary Agency
Complex Chinese translation copyrights © 2024 Business Weekly Publications,
A Division of Cite Publishing Ltd.
All rights reserved.

最高精力管理法：透過精力管理，擺脫疲憊和拖延，打造高效、充滿生產力的複利人生／彼得．霍林斯（Peter Hollins）著；李明蓉譯. -- 初版. -- 台北市：商周出版：英屬蓋曼群島商家庭傳媒股份有限公司城邦分公司發行, 2024.03
264面；14.8×21公分
譯自：Have More Energy. A Blueprint for Productivity, Focus, and Self-Discipline—for the Perpetually Tired and Lazy
ISBN 978-626-390-031-8（平裝）

1.CST: 自我實現 2.CST: 生活指導 3.CST: 成功法
177.2　　113000544

廣　告　回　函
北區郵政管理登記證
台北廣字第000791號
郵資已付，免貼郵票

115　台北市南港區昆陽街 16 號 5 樓

英屬蓋曼群島商家庭傳媒股份有限公司城邦分公司　收

請沿虛線對摺，謝謝！

書號：BI7166	書名：最高精力管理法：透過精力管理，擺脫疲憊和拖延，打造高效、充滿生產力的複利人生

請於此處用膠水黏貼

商周出版

讀者回函卡

感謝您購買我們出版的書籍！請費心填寫此回函卡，我們將不定期寄上城邦集團最新的出版訊息。

線上版讀者回函卡

姓名：______________________ 性別：☐男 ☐女

生日：西元__________年__________月__________日

地址：______________________

聯絡電話：______________ 傳真：______________

E-mail：

學歷：☐ 1. 小學 ☐ 2. 國中 ☐ 3. 高中 ☐ 4. 大學 ☐ 5. 研究所以上

職業：☐ 1. 學生 ☐ 2. 軍公教 ☐ 3. 服務 ☐ 4. 金融 ☐ 5. 製造 ☐ 6. 資訊

☐ 7. 傳播 ☐ 8. 自由業 ☐ 9. 農漁牧 ☐ 10. 家管 ☐ 11. 退休

☐ 12. 其他______________________

您從何種方式得知本書消息？

☐ 1. 書店 ☐ 2. 網路 ☐ 3. 報紙 ☐ 4. 雜誌 ☐ 5. 廣播 ☐ 6. 電視

☐ 7. 親友推薦 ☐ 8. 其他______________

您通常以何種方式購書？

☐ 1. 書店 ☐ 2. 網路 ☐ 3. 傳真訂購 ☐ 4. 郵局劃撥 ☐ 5. 其他______

您喜歡閱讀那些類別的書籍？

☐ 1. 財經商業 ☐ 2. 自然科學 ☐ 3. 歷史 ☐ 4. 法律 ☐ 5. 文學

☐ 6. 休閒旅遊 ☐ 7. 小說 ☐ 8. 人物傳記 ☐ 9. 生活、勵志 ☐ 10. 其他

對我們的建議：______________________

____

____

【為提供訂購、行銷、客戶管理或其他合於營業登記項目或章程所定業務之目的，城邦出版人集團（即英屬蓋曼群島商家庭傳媒（股）公司城邦分公司、城邦文化事業（股）公司），於本集團之營運期間及地區內，將以電郵、傳真、電話、簡訊、郵寄或其他公告方式利用您提供之資料（資料類別：C001、C002、C003、C011 等）。利用對象除本集團外，亦可能包括相關服務的協力機構。如您有依個資法第三條或其他需服務之處，得致電本公司客服中心電話 02-25007718 請求協助。相關資料如為非必要項目，不提供亦不影響您的權益。】

1.C001 辨識個人者：如消費者之姓名、地址、電話、電子郵件等資訊。
2.C002 辨識財務者：如信用卡或轉帳帳戶資訊。
3.C003 政府資料中之辨識者：如身分證字號或護照號碼（外國人）。
4.C011 個人描述：如性別、國籍、出生年月日。

請於此處用膠水黏貼

Idea
man

Idea
man